西部财经教育探索

（2024）

主　编　蒋远胜　　冯卫东
副主编　李玉斗　　花海燕　　张惠琴　　吴平

西南财经大学出版社

中国·成都

图书在版编目（CIP）数据

西部财经教育探索.2024/蒋远胜,冯卫东主编;李玉斗等副主编.—成都:西南财经大学出版社,2024.4
ISBN 978-7-5504-6170-3

Ⅰ.①西⋯ Ⅱ.①蒋⋯②冯⋯③李⋯ Ⅲ.①财政经济—高等教育—教学研究—中国—文集 Ⅳ.①F8-4

中国国家版本馆 CIP 数据核字(2024)第 078724 号

西部财经教育探索（2024）

XIBU CAIJING JIAOYU TANSUO(2024)

主　编　蒋远胜　冯卫东
副主编　李玉斗　花海燕　张惠琴　吴　平

策划编辑:李建蓉
责任编辑:李建蓉
责任校对:王甜甜
封面设计:墨创文化　张姗姗
责任印制:朱曼丽

出版发行	西南财经大学出版社(四川省成都市光华村街 55 号)
网　　址	http://cbs.swufe.edu.cn
电子邮件	bookcj@ swufe.edu.cn
邮政编码	610074
电　　话	028-87353785
照　　排	四川胜翔数码印务设计有限公司
印　　刷	成都市火炬印务有限公司
成品尺寸	170mm×240mm
印　　张	14
字　　数	147 千字
版　　次	2024 年 4 月第 1 版
印　　次	2024 年 4 月第 1 次印刷
书　　号	ISBN 978-7-5504-6170-3
定　　价	78.00 元

前　言

　　"教育兴则国家兴，教育强则国家强。"党的十八大以来，习近平总书记对中国高等教育的发展和高校思想政治教育工作高度重视，并发表了一系列重要论述。"高校思想政治工作关系高校培养什么样的人、如何培养人以及为谁培养人这个根本问题。"习近平总书记在2016年召开的全国高校思想政治工作会议上强调，要坚持把立德树人作为中心环节，把思想政治工作贯穿教育教学全过程，实现全程育人、全方位育人，努力开创我国高等教育事业发展新局面。党的二十大报告在以往实践基础上创造性提出"统筹职业教育、高等教育、继续教育协同创新，推进职普融通、产教融合、科教融汇，优化职业教育类型定位"，这是一体实施科教兴国战略、人才强国战略、创新驱动发展战略，开辟发展新领域新赛道、不断塑造发展新动能新优势的重要突破口。但是在信息化时代，如何贯彻落实党的二十大报告对高等教育发展提出的新要求，响应国家关于高等学校加快"双一流"建设的号召，适应新时代普通高等教育的发展趋势；如何加强课程思政建设，推进创新创业教育，提升人才培养质量，是当前普通高等院校面临的重大现实问题。

党的二十大报告强调，"深入实施科教兴国战略、人才强国战略、创新驱动发展战略，开辟发展新领域新赛道，不断塑造发展新动能新优势"。"产教融合"作为推进"教育、科技、人才"一体发展的重要举措，为未来我国高等教育行业特色高校开展应用型人才培养指明了目标与方向。按照党的二十大对"产教融合、科教融汇"人才培养的新部署，各高校特别是行业特色高校，应结合新时代对应用型人才培养提出的新要求，从进一步推进教育主体"多元化"改革、教育客体"新颖化"改革、教育内容"实践化"改革、教育评价"成效化"改革等方面，为中国式现代化提供强有力的人才支撑贡献更大力量。

为全面贯彻党的教育方针，落实立德树人根本任务，加快新文科、新财经建设，积极推进高等教育数字化转型，以科教融汇、产教融合、数智赋能全方位推进教育教学综合改革，搭建普通高等院校经管学院教育教学改革、学术交流的广阔平台，启迪智慧、共商良策、共谋发展，成都理工大学商学院、管理科学学院与西南财经大学出版社共同举办了第四届西部财经教育论坛暨第十六届普通高等院校经管学院院长联席会，并以数智时代财经人才培养改革、科教融汇培养拔尖创新人才、产教融合培养卓越应用人才、"科教+产教"双融合育人、创新型经管类实验室建设、数智赋能课程思政建设为题面向各高校开展主题论文征集活动，旨在为构建西部地区高等财经教育新发展格局、推动高等财经教育人才培养高质量发展贡献智慧和方案。

经过本书编委会专家认真讨论，我们精选了 16 篇优秀教研教改论文并汇编整理成《西部财经教育探索（2024）》一书。本书围绕立德树人的根本任务，立足高等教育教学实际，聚焦教学改革、课程思政与科教融汇、产教融合、数智赋能等相关领域，重点提炼阐释财经高等教育教学改革、转型的理论逻辑和实践经验，着重解决应用型人才培养的实际问题，体现原创性、时代性、实践性、针对性，为国内高校课程思政、财经类教育教学改革提供有据可依的设计模式，提出具有可操作性的推进范式，以期对高校课程思政建设、产教融合发展起到积极的推动作用，为经管类应用型人才培养提供理论导引与经验借鉴。

本届论坛与本次主题论文征集活动得到了西南财经大学、成都理工大学、四川农业大学、四川轻化工大学、成都信息工程大学、凯里学院、重庆理工大学、绵阳师范学院、重庆科技大学、乐山师范学院、内江师范学院、西华大学、重庆工商大学、成都工业学院、四川文理学院、西昌学院等众多兄弟院校①的大力支持，在此一并表

---

① 注：排名不分先后。

示感谢。同时，尽管编者和编辑人员都非常认真，但受限于经验与水平，疏漏与不足之处在所难免，敬请读者朋友批评指正。

编者

2024 年 3 月

目　录

第一篇　课程思政篇

第二篇　数智赋能篇

第一篇

课程思政篇

新文科背景下课程思政元素融入经管人才培养的探索与实践

冯茜颖 花海燕 高 辉 吴 栩

（成都理工大学商学院）

摘要：厚植学生家国情怀，强化经管使命担当，提升专业融通能力是新文科背景下经管专业立德树人的核心要义。为探究新文科背景下课程思政元素如何更有效地融入经管人才培养，本文立足成都理工大学经管专业的育人实践，重新将课程思政元素进行结构化分解，并设计与之契合的课程支撑体系，在构建"教师-课程-课堂"三联动思政元素融入方案的基础上，提出并实践了"优方案、创环境、建机制、搭平台、强资源"五项融入举措，为经管专业的课程思政教学改革提供借鉴。

关键词：课程思政元素；经管人才培养；新文科

现代科技发展推动了产业结构调整和商业模式创新，进而导致了经管人才需求的变革，这对经管人才培养提出了更高的要求：不仅要打破传统经管学科的壁垒，培养学生的专业融通能力，更要把中国特色社会主义建设的最新理论成果和实践经验引入课堂，转化为优质的教学资源,激发学生的爱国热情和责任使命感。2020 年 11 月,教育部发布《新文科建设宣言》要求,要牢牢把握文科教育的价值导向性,坚持立德树人,全面推进高校课程思政建设。因此,为紧密衔接社会需求,落实立德树人根本任务,培养新时代"经商济世""管家理国"的优秀经管人才,探究新文科背景下课程思政元素如何更有效地融入经管人才培养既恰逢其时,又迫在眉睫。

现有相关研究成果主要集中在宏观、中观、微观三个层面。在宏观层面,学者们研究了新文科背景下高校课程思政建设的路径创新(刘翔,2021)、问题诊断(张铭凯,2021)、改革模式(徐雷,2021)。在中观层面,学者们研究了新文科视域中传播学(侯隽,2021)、宗教学(闻骏,2021)、档案学(尹鑫,2022)等学科或专业以及新商科(张春萍,2021)的课程思政建设路径。在微观层面,学者们研究了外语(尤芳舟,2021;安丰存,2021)、计算机(王晓静,2021)、金融学(王伟,2021)、会计学(陈晓芳,2022)、数学(李德贺,2022)等具体课程融入新文科建设理念的思政教学改革。现有研究为新文科背景下经管专业的课程思政建设提供了一定的指导,但也存在一些缺陷:首先,对课程思政元素大多泛泛而谈,缺乏结构化分解,因而对课程思政元素的认识可能存在偏差,更难以根据思政元素特征与人才培养环节的契合度,设计出有机融入育人全过程的系统方案。其次,通常将新文科与课程思政割裂开来,倾向于独立从新文科或课程思政的单一角度展开研究,忽视了新文科与课程思政元素融入的互动互馈、协同发力。最后,思政元素往往停留在局部，零散地融入到某一类课程或某一种课堂中，且融入方式易陷入"生硬嵌入"的弊端，鲜有从系统角度考虑如何将思政元素全员全程全方位融入经管人才培养。

基于上述分析，本文立足成都理工大学经管专业的育人实践，在对课程思政元素结构化分解的基础上，从元素挖掘的科学性和元素融入的有机性出发，设计与之契合的课程支撑体系，探索"教师-课程-课堂"三联动融入方案，提出并实践了"优方案、创环境、建机制、搭平台、强资源"五项融入举措，实现思政教育与专业教育的同向同行。

一、新文科背景下经管专业课程思政元素的结构化分解与课程支撑体系

新科技革命所带来的新经济业态、新生活方式和新运营模式推动了社会对经管人才需求的变革。面临教育教学供给和人才需求的不匹配，高校必须更新经管人才培养理念，重塑人才培养目标，并通过课程思政育人元素的有效协同实现培养目标。

成都理工大学是以理工为主，以地质、能源、资源科学、核技术、环境科学为优势，以化工、材料、电子、机械、信息科学、管理科学等学科专业为特色的多科性大学。学校积极响应国家新文科建设的号召，在实践中总结提出了以专业融通能力培养为导向的理工科院校经管人才培养目标，即通过人格塑造、知识传授、能力提

升，培养思想品德好、科学素养高、实践能力强、有创造视野，专业融通能力突出的高素质复合型人才。其中，专业融通能力指在广泛涉猎跨学科知识基础上，将经管问题置于跨学科的观察与分析框架中，解决经管专业问题的学习研究和应用实践。

为支撑新文科背景下以提升专业融通能力为核心的经管人才培养目标，对应人才培养的知识、素质、能力要求，我们将课程思政元素结构化分解为以下五大类别（见图1）。

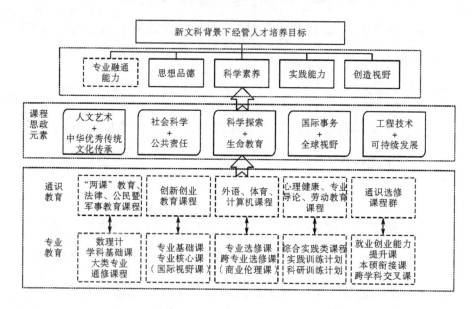

图1 课程思政元素的结构化分解与课程支撑体系

（1）人文艺术与中华优秀传统文化传承：紧紧围绕培育和践行社会主义核心价值观，使学生了解中华优秀传统文化的内涵，理解中华优秀传统文化蕴含的思想精髓和道德规范，掌握艺术鉴赏的基本方法，培养学生良好的人文精神和人文素养。

（2）社会科学与公共责任：注重团队精神及商业伦理道德的培

养，鼓励青年学子在家国情怀的感召下，强化法治意识和责任担当，热心参与集体生活与团队合作，用仁爱之心和所学所得报效祖国、奉献社会，培养学生积极的情感态度和责任意识。

（3）科学探索与生命教育：通过让学生掌握科学思维方式和科学研究方法，启发学生对个体生命和群体生命的思考，激发学生的批判性思维和创新进取意识，在求知道路上大胆求索、追求创新，培养学生的科学探索精神和理性思维。

（4）国际事务与全球视野：培养学生既能运用中西方经济学理论来解释现实中的经济现象，用中国数据和中国案例讲好中国故事，也能熟练运用外语，通晓国际规则，具备以开阔的全球视野参与国际事务和国际竞争的专业能力。

（5）工程技术与可持续发展：依托理工科高校的学科背景优势，帮助学生树立可持续的发展观，培养大数据时代的信息处理能力；使学生既能从经济发展和组织管理的效率角度，也能从人口增长、资源利用和环境保护的角度出发去思考和解决经济管理问题。

课程是思政元素融入的主阵地。为更好地将思政元素融入课程教学，学校根据思政元素的内涵、特征与课程教学内容的契合度，秉承"思政育人效能最大化、思政元素融入最相宜"的原则，设置了通专结合的课程支撑体系：开设中国文化概论、艺术鉴赏、中国古诗文经典选读等人文艺术类课程，融入人文艺术与中华文化传承思政元素，培养学生人文素养；开设地球科学概论、物理学与现代科技、生物信息技术等理工科课程，融入科学探索与生命教育思政元素，培养学生科学素养；开设 Python 语言程序设计、商业数据挖掘及应用、环境与可持续发展等工程类课程，融入工程技术与可持续发展思政元素，在夯实学生数理计基础，提升学生大数据处理能力的同时，树立人与自然和谐共生的环境观；开设法治思维与法律行为、商业伦理、会计职业道德等课程，融入社会科学与公共责任思政元素，培养学生良好的职业道德和责任意识；开设国际经济学、国际会计、国际市场营销等专业课程，融入国际事务与全球视野思政元素，帮助学生获得国际化视野。

二、新文科背景下经管专业"教师-课程-课堂"三联动思政元素融入方案

课程思政建设需要依托一定的平台或载体，但目前各高校"教师-课程-课堂"功能普遍分割，在育人理念高度统一、教学资源共享共建、教学方法协同创新上存在分歧和壁垒，难以为学生提供多元化的思政教育，系统合力和协同效应尚未充分显现。针对这一问题，学校提出并实践了新文科背景下经管专业"教师-课程-课堂"三联动思政元素融入方案（见图2）。

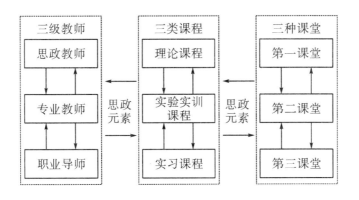

图 2 "教师-课程-课堂"三联动思政元素融入方案

学校明确"三级教师":思政教师、专业教师、职业导师为思政育人主体。按照"一对一策双师资",为每位学生配备学术导师和职业导师,学术导师由校内专业教师担任,职业导师由校外客座教授担任。专业教师作为联系思政教师(包括专业思政教师、专职辅导员、兼职班主任)和职业导师的纽带,依托"教学-科研-学习"联合体,在将支撑培养目标的五大思政元素融入课堂教学的同时,负责指导自己所带的学生制定大学生涯的成长成才学习规划,并与思政教师和职业导师一道定期评价检查规划的达成度,及时纠偏和改进,为学生的价值观形成、心理情感、学业就业等提供点对点、全过程、跟踪式指导,夯实培养目标实现的过程基础。

学校明确"三类课程":理论课程、实验课程、实习课程为思政育人载体。为了改变思政元素的融入多局限于理论课程的现状,学校依托"校内虚拟仿真+校外综合实习+校内外创新应用"的"三层次"实践教学平台,充分发挥职业导师的作用,将思政元素融入实验实训和实习类课程,突破了理论课程教学的时空局限。在学生的仿真模拟和职业体验中，设计与经管专业实践教学内容相融合的思政主题，引入企业丰富、鲜活的工作情境和真实案例等思政教育资源，既增强思政元素的吸引力与感染力，也增强实践教学的时代性和可操作性，使学生能在第一现场对思政元素进行思考、认知和感悟，树立正确的价值判断取向，更有效地促进职业素养和社会责任的养成。

学校明确"三种课堂"：第一课堂、第二课堂、第三课堂为思政育人平台。除了将思政元素依托"三类课程"全过程融入人才培养方案所引领的"第一课堂"，学校还致力于构建校内与校外协同的"大思政"格局。在校内依托四川省矿产资源中心、四川省资源与环境经济普及基地、四川省灾害经济研究中心等研究基地，以专业竞赛为主要抓手，以文体活动为有机补充，挖掘"第二课堂"思政元素的育人功能，树立了"博雅讲堂""商业文化节""教授面对面午餐会""环境科普情景剧"等富有特色的校园活动品牌；在校外加强校地政企的"产、教、学、研"合作，以开展社会实践活动为主线，设计涵盖思政元素的各类活动主题，开发社会调研、志愿者服务、社区服务等"第三课堂"教学案例，打造"思政行走课堂"，增强学生学习兴趣和实战能力。

学校通过实施"教师-课程-课堂"三联动思政元素融入方案，将支撑人才培养目标的思政元素，由各级教师以不同的渠道和多样的形式，在"三类课程"和"三种课堂"中融会贯通，以培养学生的专业融通能力为逻辑主线，推进思政铸魂与专业教育深度融合，确保课程思政无死角、无盲区、无遗漏地覆盖人才培养全过程，营造起"乐教善教、乐学爱学"的氛围，发挥出"教师-课程-课堂"思政育人的协同合力，既使理工科院校多学科交叉优势得到了有效利用，也提高了人才培养的"五个度"，适应新文科背景下社会经济发展需要。

三、新文科背景下经管专业的课程思政元素融入举措

"教师-课程-课堂"三联动思政元素融入方案需要通过具体的行动来实现。为此，学校提出并实践了"优方案、创环境、建机制、搭平台、强资源"五项融入举措。

（一）优方案——根据新文科育人目标，修订人才培养方案和课程教学大纲

学校根据培养学生专业融通能力这一目标，按照"厚基础，强实践，求创新，显特色"的经管人才培养思路，设置统一的学科基础平台，夯实专业能力；完善校内外三层次实践教学体系，夯实应用创新能力；设置与现代科技、学科前沿相关课程，夯实学术研究能力；以资源、能源等行业背景设置特色方向课程，凸显专业特色。采取聚焦重点和全面覆盖相结合，每个专业均在培养方案中设置课程思政示范课，作为标杆引领课程思政建设，同时根据课程体系与毕业要求、毕业要求与培养目标的对应关系，为每门课程匹配支撑课程目标达成的思政元素，并将思政元素分解落地为思政教学资源，

在设计教学大纲时将思政教学资源全面融入专业教学内容，贯穿课程教学过程始终。

（二）创环境——以生态系统观为指导，创设实施课程思政的良好育人环境

学校以系统生态观为指导，按照"德育为先、德才兼备"的全面育人观，形成了围绕一流人才培养的规章制度、资源分配体系和组织文化。经管人才培养则在系统生态观指导下，以勇于承担社会责任的当代企业家精神培养为先，以竞赛、创业、虚拟企业经营等为抓手构建校园微型经济环境，通过企业商业伦理道德教育，将具有民族情怀和社会责任的企业经营案例作为正面典型，结合造假、破坏环境等反面案例，以"润物细无声"的形式融入经管人才培养全过程，培养学生勇于承担社会责任的当代企业家精神，厚植学生的爱国主义情怀，培养服务国家、服务人民、造福人类的优秀人才，打造适宜新时期经管人才成长成才的良好育人氛围。

（三）建机制——校企合作多主体联动，构建推进课程思政的协同育人机制

学校通过商学院、管理科学学院、马克思主义学院、地球科学学院等学院间协同，建立课程思政示范课的跨学科建设团队，遴选课程负责人统筹课程建设，形成跨院系、跨学科、跨专业协同交叉培养人才的新机制。依据学科专业的特性和发展历程，深入挖掘思

政元素，对课程体系和教学内容进行重构再造，解决开设思政示范课程容易、但从课程内容和师资上落实难的问题。成立由企业家组成的校企协同育人战略咨询委员会、由企业家和教师共同组成的教学指导委员会，围绕在技术创新和社会变革背景下，经管人才培养与企业、产业对职业素养要求之间的差距，以及学校人才培养需要做出的改进之处，定期召开协同育人研讨会和高峰论坛，共商课程思政建设的着力点。

（四）搭平台——整合校内外思政资源，打造课程思政育人全方位实践平台

学校积极探索党团组织建设与课程思政建设有机融合的模式，建成了全国党建工作样板党支部、四川省"高校先进基层党组织"、四川省双带头人教师党支部书记工作室培育单位、四川省大学生思想政治教育先进集体、成都市五四红旗团委，打造了立足"学院+宿舍"双阵地的明德工作室、有声图书馆、一站式学生社区等思政育人平台，使学生随时随地、线上线下均能收获思政元素的熏陶和感召。通过与生态环境部、自然资源部、中石油、中石化、宜宾市政府等联合打造科教融合、产教融合、校地融合的协同育人平台，实现校企共制培养方案、共育德才兼备高层次商科菁英、共享课程思政建设资源、共研最新科学研究成果、共建实习基地和实验项目，扩展思政元素的现实来源，为三全育人提供实践平台。

（五）强资源——立足教师专业化成长，建设课程思政本土化的教学资源库

学校实施师资能力提升计划，开展课程思政建设能力的专项培训，加大双师型队伍的建设力度，建立青年教师到企业挂职实习的机制，增强整合思政育人元素、产教融合培养人才的能力。以暑期社会实践为平台，立足本土企业的经营，开发本土化的经管专业优秀教学案例，突出中国的经管理论与方法，传播中国企业经营故事。每个经管专业均建设有由企业家参与授课的"课堂会客厅"课程，企业家结合自身创业经历、企业遇到的管理难题，通过案例教学的形式，增强对学生价值判断和价值选择的引导。与企业共建专业、实习实训基地，面向产业需求深化教学内容与课程体系改革，以学科前沿、产业和技术最新发展成果更新教学内容，以产业、企业对经管人才的现实需求丰富思政育人元素。

四、结语

鉴于在新文科背景下将课程思政元素融入经管人才培养的重要意义，本文立足成都理工大学经管专业的育人实践，首先将课程思政元素结构化分解为人文艺术与中华文化传承、社会科学与公共责任、科学探索与生命教育、国际事务与全球视野、工程技术与可持续发展五大类别，并根据思政元素的内涵、特征与课程教学内容的

契合度，设置了通专结合的课程支撑体系；在此基础上，构建了"教师-课程-课堂"三联动思政元素融入方案，提出并实践了"优方案、创环境、建机制、搭平台、强资源"五项融入举措，即根据新文科育人目标，修订人才培养方案和课程教学大纲；以生态系统观为指导，创设实施课程思政的良好育人环境；校企合作多主体联动，构建推进课程思政的协同育人机制；整合校内外思政资源，打造课程思政育人全方位实践平台；立足教师专业化成长，建设课程思政本土化的教学资源库。研究成果厘革了经管人才培养的课程思政元素融入路径，为经管专业的课程思政教学改革提供借鉴。

参考文献

[1] 安丰存，李柏年. 新文科视阈下外语课程思政与外语人才核心素养培养［J］. 外语电化教学，2021（6）：45-50.

[2] 陈晓芳，陈昕，洪莚，等."会计学原理"课程思政建设：价值意蕴与教学实践［J］. 财会月刊，2022（3）：79-87.

[3] 侯隽，叶珲. 新文科建设背景下全媒体人才培养与课程思政理念融合路径初探［J］. 中国新闻传播研究，2021（3）：28-36.

[4] 李德贺，李波，张晓. 思政元素融入高校数学类课程实现路径研究［J］. 教育理论与实践，2022，42（3）：57-60.

[5] 刘翔. 新文科思维与课程思政路径创新［N］. 中国教育报，2021-11-22（6）.

[6] 王伟, 黄颖. 讲好金融故事: "金融学"课程思政改革的有效路径 [J]. 思想理论教育导刊, 2021 (3): 112-116.

[7] 王晓静, 索菲, 张杨. 面向新文科 Python 语言程序设计的课程思政教育融入式教学研究 [J]. 辽宁大学学报 (自然科学版), 2021, 48 (3): 283-288.

[8] 闻骏. 协同育人与新文科建设双重背景下高校宗教学专业课程思政建设的现实困境与应对机制 [J]. 课程思政教学研究, 2021, 1 (0): 134-144.

[9] 徐雷, 李琲琲, 夏璐. 充分发挥高校哲学社会科学的育人功能: 哲学社会科学课程思政教育教学改革模式初探 [J]. 中国大学教学, 2021, (12): 4-9.

[10] 尹鑫, 杨文, 张斌. 新文科建设背景下我国档案学科发展路径探析 [J]. 档案学通讯, 2022 (2): 97-104.

[11] 尤芳舟. 新文科背景下日语课程思政建设的思考 [J]. 外语学刊, 2021 (6): 78-82.

[12] 张春萍. 加强新商科课程思政建设的路径探析 [J]. 中国高等教育, 2021 (10): 37-39.

[13] 张铭凯, 杜雪. 新文科建设背景下高校课程思政的危机诊断与持守之道 [J]. 黑龙江高教研究, 2021, 39 (11): 18-22.

基于深度学习理念的企业绿色管理课程思政教学实践研究[①]

唐恩富　万　玺　吕文菲

（重庆科技大学工商管理学院）

摘要： 本文结合深度学习理念，根据布鲁姆教育目标分类学的认知领域和情感领域的观点，按照"两性一度"金课建设标准和课程思政建设的要求，开展以能力为本的"5E"教学模式，创新课程教学内容，开展绿色故事会的案例教学，并形成多元化的、以形成性评价为主的课程考核评价模式，较好地提升了企业绿色管理课程思政教学的有效性。

关键词： 课程思政；深度学习；教学设计

---

① 本文为"企业绿色管理金课建设与实践"项目以及"新文科背景下应用型高校工商管理类专业课程体系改革与实践"项目的阶段性研究成果。

一、引言

（一）课程思政建设背景

2020 年 5 月，教育部发布《高等学校课程思政建设指导纲要》的通知，明确指出，"培养什么人、怎样培养人、为谁培养人是教育的根本问题，立德树人成效是检验高校一切工作的根本标准""全面推进课程思政建设，就是要寓价值观引导于知识传授和能力培养之中，帮助学生塑造正确的世界观、人生观、价值观，这是人才培养的应有之义，更是必备内容"。

"企业绿色管理"是适应经济发展生态化而产生的一种新兴管理模式。为适应社会发展需求，重庆科技大学企业绿色管理教学团队于 2013 年开始建设企业绿色管理课程，该门课程是工商管理类绿色管理教育通识课程。课程围绕企业绿色管理的理论，让学生深刻理解"绿色发展"的战略意义，提高学生的绿色经济发展的创新思维与实践能力。该课程的教学目标是通过该门课程内容的学习，使学生了解企业管理学的前沿思想，树立绿色发展理念和社会责任感，掌握企业绿色管理思想和管理方法，包括绿色供应链管理、绿色人力资源管理、绿色营销、绿色会计和绿色制造等，并能运用这些管理思想和理念服务于企业的绿色管理实践。

（二）课程思政建设中存在的问题

在这门课最初的教学中，教学团队发现部分学生往往喜欢在课堂上死记硬背基础理论，并运用这些理论来生搬硬套地分析课堂中的案例，不能结合行业实际情况开展有针对性的分析。一些学生喜欢通过死记硬背的方式来完成课程章节在线测验，并将背诵的理论生搬硬套地运用到课程论文中。一方面，这反映了学生重视考试结果，重在识记和背诵基础理论，但忽视理论知识的运用。另一方面，这也反映了学生对企业绿色发展理念和绿色发展观等尚处于被动接受阶段，没有去主动观察社会生活中的绿色管理问题。该课程的教学存在专业教育和课程思政教育脱节的现象。因此，在课程建设中，教学团队非常有必要以深度学习和教学目标分类学为理论基础，系统地开展教学设计，创新教学模式。

二、课程思政与深度学习和教学目标分类学

（一）深度学习的定义

"深度学习"的概念源于 1976 年瑞典哥德堡大学教育学院的费伦斯·马顿和罗杰·萨尔乔的发现，他们在《关于学习的质量差异：结果和过程》一文中指出，"在每项研究中，可以确定一些结果水平的类别，包含对学生任务内容的不同理解，而相应的处理结果的差异可以用学习者是进行表层处理还是深层处理来描述。"[1] 2005 年，

何玲、黎加厚根据费伦斯·马顿和罗杰·萨尔乔的观点，结合布鲁姆教育目标分类法中的认知领域的观点，提出深度学习是"在理解学习的基础上，学习者能够批判性地学习新的思想和事实，并将它们融入原有的认知结构中，能够在众多思想间进行联系，并能够将已有的知识迁移到新的情境中，作出决策和解决问题的学习。"[2] 2014 年，安富海指出，"深度学习是一种基于理解的学习，是指学习者以高阶思维的发展和实际问题的解决为目标，以整合的知识为内容，积极主动地、批判性地学习新的知识和思想，并将它们融入原有的认知结构中，且能将已有的知识迁移到新的情境中的一种学习。"[3] 2016 年，郭华指出"深度学习是指在教师引领下，学生围绕着具有挑战性的学习主题，全身心积极参与、体验成功、获得发展的有意义的学习过程。在这个过程中，学生掌握学科的核心知识，理解学习的过程，把握学科的本质及思想方法，形成积极的内在学习动机、高级的社会性情感、积极的态度、正确的价值观。"[4] 由此可见，深度学习不仅需要实现教学目标中的认知领域的高阶目标的学习，还应该实现教学目标中的情感领域的目标学习。

（二）教育目标分类学

教育目标分类学为教学目标及评价的科学设计提供技术性指导，布鲁姆将教学目标分为认知、情感和动作技能三个领域。布鲁姆等人在《教育目标分类学 第一分册：认知领域》中从简单到复杂将认知领域的教育目标分为知识、领会、运用、分析、综合和评价六个类别[5]，洛林·W. 安德森等人在《布卢姆教育目标分类学：分类学视野下的学与教及其测评》中修订了布鲁姆等人提出的教育目标分类学，将认知领域的教育目标修订为记忆、理解、应用、分析、评价和创造六个类别[6]。克拉斯沃尔等人在《教育目标分类学 第二分册：情感领域》中按照"内化"的连续体从低层次到高层次将情感领域的教育目标分为接受（注意）、反应、价值的判断、组织和由价值或价值复合体形成的性格化五个层次，认为认知领域和情感领域是有机体的基本统一性，情感领域与认知领域各类别之间存在着交叠关系，达到某一领域的目标被看作达到另一领域目标的手段，可以同时实现认知领域和情感领域的目标[7]。

因此，基于深度学习理念的教学设计，既可以实现教育目标认知领域的高阶目标，也可以实现情感领域的教学目标，从而达到课程思政的教学目标，将价值塑造、知识传授和能力培养三者融为一体。

三、课程思政建设思路与实践

（一）教学目标

企业绿色管理的核心教学目标是让学生掌握企业绿色管理的基本方法，运用企业绿色管理思想去指导服务型和生产型行业企业实践，培养学生的企业绿色发展理念和社会责任感。因此，从课程思政建设的角度看，这门课程本身就是一门特殊的"思政课程"，企业绿色管理课程内容包括绿色发展理念、绿色管理思想和方法以及不同行业的绿色实践，课程内容本身就是课程思政元素。而从课程的性质来看，企业绿色管理课程归属于管理学课程，不同于一般的思政课程。因此在进行课程思政建设时，该课程不需要像一些普通课程那样去挖掘课程思政元素；在课程教学目标设计上，该课程既要实现认知领域的教学目标——让学生掌握企业绿色管理基本方法并运用企业绿色管理思想分析和指导行业企业实践，还需要实现情感领域的教学目标——树立企业绿色发展理念和社会责任感，让学生认同绿色发展理念。

（二）教学设计与实践

为建设一流思政课程，教学团队结合深度学习理念，根据布鲁姆教育目标分类学的认知领域和情感领域的观点，按照"两性一度"金课建设标准和课程思政建设的要求开展课程建设；全面梳理现有课程资源、教学方法、教学设计中存在的不足，不断完善课程核心知识体系，实现价值塑造、知识传授和能力培养的有机融合。具体措施如下：

第一，基于虚拟教研室，以问题为核心，构建课程思政建设团队。

教学团队成员来自人力资源管理、物流管理、供应链管理、财务管理、企业创新管理、项目管理、绿色制造、冶金工程、HSE 管理和酒店管理等多个专业，能够实现优势互补。成员都在一个虚拟教研室中工作，能够面向全学科领域，实现跨高校、跨地域、跨学科的教研经验分享，达到教研结合、教学资源共建共享的目的。

第二，以资源为基础，以绿色发展为主题，创新课程内容。

首先，紧跟学术前沿，开发新知识点。

企业绿色管理课程团队率先关注企业绿色管理的话题，在梳理中外相关文献成果的基础上，采用系列前沿讲座的方式，由各专业有多年教学科研经验并具有海外留学经历的核心教师主讲，采取"总论—分论—应用"的结构开发出企业绿色管理 MOOC 课程（包括教学大纲、教学日历、教案和讲义、授课微视频、随堂作业和课后作业、教学活动设计、评估标准、考试、操作手册等全套资料）。课程以建构主义和联通主义学习理论为依据，课程微视频内容以主题引领，从"是什么，为什么，怎样做"几个方面构建知识点。

其次，紧贴时代背景，建构思政主题。

一是课程教学目标凸显立德树人。企业绿色管理课程围绕企业绿色管理的理论，让学生深刻理解"绿色发展"的战略意义，提高学生的绿色经济发展的创新思维与实践能力。教学目标是培养学生的绿色人文道德素养，树立爱国爱家乡的赤子情怀；立足于"绿水青山就是金山银山"的发展理念，引导学生系统地学习企业绿色管理的知识和行业管理实践，深入理解生态文明建设的重要意义，树立可持续发展的理念。

二是课程教学内容与课程思政深度融合。本课程从生态环境领域引人入胜的案例出发，剖析案例中所蕴含的绿色与可持续发展管理基础理论，学习领会国家生态文明建设的重大部署对策，提升学生弘扬践行生态文化的自觉性。

第三，立足教学目标，开展以实现深度学习为目标的课程思政教学。

教学团队根据布鲁姆和克拉斯沃尔在认知领域和情感教学领域教育目标的划分，结合深度学习的理论对学生学习层次的划分，将教学实施环节划分为三个方面，如图1所示。上课前，学生依托线上课程开展学习，学习企业绿色管理的基础知识。

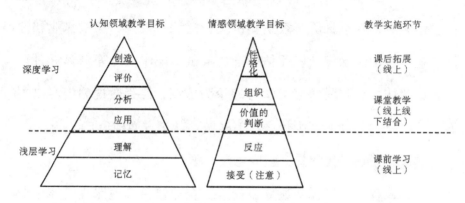

图1　教学目标和教学实施环节

课堂教学中，教学团队运用"5E"教学模式（见图2）并通过绿色故事会（课程思政+主案例分析）开展课堂教学。

课程团队对每一章的课程教学内容都设计了课程思政案例库，以企业绿色管理第一章企业绿色管理概述为例，该章的课程思政案例库见表1。

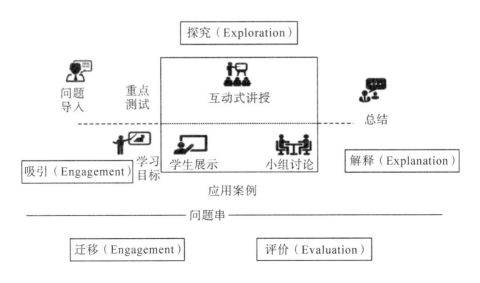

图 2 "5E" 教学模式

表 1 企业绿色管理课程思政案例库（部分内容）

序号	名称
1	复活节岛的文明悲剧
2	"山水林田湖草沙"生命共同体
3	绿水青山就是金山银山：余村的变迁
4	开创社会主义生态文明新时代

以"绿色发展的思想史"这个知识点为例，运用"5E"教学模式，参照吴成军提出的"5E"教学模式的教师行为和学生行为的观点[8]，并通过绿色故事会的方式开展教学，具体过程见表2。

表 2　绿色发展思想史的教学实践过程

教学环节	教学任务	教师行为	学生行为
吸引	问题导入：是什么让自然天堂的复活节岛变成如今的千里赤地？重点测试：检测学生课前在线学习绿色发展思想史的情况	（1）激发学生的兴趣；（2）了解学生课前对绿色发展的思想史的认知和理解情况，以及学生看到思想史的注意和反应情况。（3）明确认知领域和情感领域的教学目标	提出问题，并对复活节岛的变化产生好奇
探究	互动式讲授：根据学生对绿色发展思想史的了解情况以及其对绿色发展的概念认识和理解，开展互动式讲解。学生展示：学生通过在线搜集查询复活节岛的过去和现在的情况以及发生变化的原因，探究如何进行历史重建的科学方法；小组讨论：集体讨论复活节岛变成现在千里赤地的原因	教师讲授绿色发展思想史的关键知识点，并结合复活节岛案例展示复活节岛的基本情况、文明发展情况，让学生以小组为单位去查询复活节岛的过去和现在情况并思考复活节岛变化的原因	学生在线查询复活节岛的过去和现在情况，完成老师布置的任务，并以小组为单位开展讨论，形成个人的观点和小组的观点并进行展示

教学环节	教学任务	教师行为	学生行为
解释	在学生探究的基础上，教师正式讲授绿色发展思想史的相关观点。在老师的指导下，学生使用该知识点回答问题	鼓励学生用自己的话来解释和理解绿色发展思想史； 复活节岛文明悲剧最根本的原因在于生态危机，部落斗争等外部因素只是导致其文明消亡的直接的表面诱因，仅仅只是处于悬崖边上的最后一推。贾雷德·戴蒙德在《崩溃：社会如何选择失败或成功》一书中写道"复活节岛是一个社会过度开发自身资源，而最终导致自我毁灭的最明显的例子"	（1）倾听并试图理解教师提供的解释； （2）对解释进行质疑，继续寻找更好的答案
迁移	学生运用新知识、新概念解决新问题	（1）要求学生运用所学的绿色发展思想史的相关概念； （2）让学生举出一些类似于复活节岛的案例	运用绿色发展思想史的相关观点，在线查询寻找一些类似的案例，比如宇宙飞船经济理论（循环经济思想的源头），从而拓展新概念
评价	用正式或非正式的方法评价学生对所学的绿色发展的思想史知识的理解和运用能力	（1）观察学生运用所学新概念的过程，并评价学生对绿色发展的思想史的理解和掌握情况； （2）寻找学生改变原有想法或行为的依据； （3）提出一些开放式的问题，检查学生对绿色发展的思想史的理解和掌握情况	（1）证明自己已经理解和掌握了绿色发展思想史并自我评价自己的知识学习和对绿色发展的观点认同情况； （2）提出进一步探讨有关绿色发展思想史的相关问题

第四，开展多元化的、以形成性评价为主的课程考核评价改革。

教学团队既要考核认知领域的教学目标，又要考核情感领域的教学目标，这就需要改变以往单纯地通过期末试卷考试的考核评价方式，转变成多元化的、以形成性评价为主的课程考核方式。考核方式包括两种类别：线上考核和线下考核。线上考核主要包括视频进度学习、线上章节测验、见面课的参与三个方面。其中，视频进度学习、线上章节测验主要完成基础知识的理解和掌握，属于对浅层学习教育目标的测评，而见面课则属于知识拓展和应用能力的评价，通过见面课的互动问题回答测评，检测学生的知识拓展和应用能力。线下考核则包括三次小组学生案例分析汇报和课程论文。线下考核和线上考核中的见面课的考核，主要是对学生深度学习结果的检测和评价。

四、教学效果

（一）课程思政深入人心，学生的实践能力得到了较大提升

学生积极参加低碳管理和绿色发展为主题的竞赛，获得了较好的成绩。2019 年，教学团队老师指导的学生作品"生态文明建设视角下重庆市民营企业绿色管理问题调查"荣获第十六届"挑战杯"全国大学生课外学术科技作品竞赛重庆市选拔赛特等奖。2022 年，教学团队老师指导的"重庆市交通碳排放碳达峰路径研究"荣获全国大学生统计建模大赛重庆赛区本科组三等奖。课程上线多个在线课程平台，其中智慧树平台的课程满意度为 94.7%。东西部高校课

程共享联盟认为该课程"使学生创新实践能力水平显著提高，绿色人文素养得到提升"。

（二）教学团队获得多项教学奖励，该课程成为课程思政示范课程。

2016 年 5 月，教学团队成员万玺教授以"企业绿色管理"基于 SPOC 翻转课堂教学模式参加西浦全国大学创新教学大赛荣获年度创新奖（冠军），并于 2020 年在"高等学校工商管理类专业核心课程金课建设实施研究"项目中获得立项资格，2017 年获评为重庆市高校精品在线开放课程。2021 年，教学团队被评为重庆市高校课程思政教学名师团队，课程被立项建设为重庆市高校课程思政示范建设项目。

五、结语

企业绿色管理课程内容与课程思政深度融合，绝大部分的课程内容本身就是课程思政元素。企业绿色管理课程既是一门管理学课程，也是一门通识的绿色教育课程，因此可以说该课程也是一门传播绿色管理理念的思政课程。课程团队从深度学习的理念出发，根据教育目标分类学的认知领域和情感领域理论，结合课程特点，对教学目标、教学内容、教学模式和教学评价进行改革和实践，获得了较好的教学效果。课程教学团队将进一步推动课程思政建设，进一步挖掘课程思政元素，不断完善教学方法和教学内容，优化教育评价机制，推动学生不断深度学习，让更多的学生认同并内化企业绿色发展理念。

参考文献

［1］MARTON F, SALJO R. On qualitative difference in learning. I-outcome and process ［J］. British Journal of Educational Psychology, 1976, 46 （1）：4-11.

［2］何玲, 黎加厚. 促进学生深度学习 ［J］. 现代教学, 2005 （5）：29-30.

［3］安富海. 促进深度学习的课堂教学策略研究 ［J］. 课程·教材·教法, 2014, 34 （11）：57-62.

［4］郭华. 深度学习及其意义 ［J］. 课程·教材·教法, 2016, 36 （11）：25-32.

［5］布卢姆. 教育目标分类学 第一分册：认识领域 ［M］. 上海：华东师范大学出版社, 1986.

［6］洛林·W. 安德森. 布卢姆教育目标分类学：分类学视野下的学与教及其测评 ［M］. 北京：外语教育与研究出版社, 2009.

［7］克拉斯沃尔, 等. 教育目标分类学 第二分册：情感领域 ［M］. 上海：华东师范大学出版社, 1989.

［8］吴成军, 张敏. 美国生物学 "5E" 教学模式的内涵、实例及其本质特征 ［J］. 课程·教材·教法, 2010, 30 （6）：108-112.

内陆应用型高校国际物流的课程思政落实方案设计

周凌轲

（四川轻化工大学经济学院）

摘要： 国际物流是物流管理专业重要的专业课程之一。国际物流具有实践课程的属性，内陆应用型高校开设国际物流课程时，由于远离港口，难以为学生提供真实的作业场景，因此教学效率低下，课程思政落实困难。针对国际物流课程的实践性质，教师可以通过介绍行业背景知识进行课程设计，通过强调职业道德来落实课程思政；同时，针对内陆地区的特点，以内陆国际物流枢纽为中心，辅以沙盘仿真等手段，为学生提供真实的国际物流作业场景，帮助课程思政的落实。

关键词： 内陆应用型高校；国际物流；课程思政

作为社会主义国家，课程思政是我国国家意志在教育领域中的重要体现，同时也是我国各级学校解决"培养什么样的人""如何培养人""为谁培养人"，以及实现立德树人的重要举措。正是由于课程思政的重要意义，按照教育部的要求，各级学校中的所有课程都需要落实课程思政。然而，由于不同类型学校的办学定位，不同专业课程的人才培养目的、教学内容均不相同，针对不同专业课程落实课程思政的具体举措需要个别设计。本文以内陆应用型本科高校的国际物流课程为例，设计一套在国际物流课程中落实课程思政的方案，为同类高校中的类似课程提供可参考的经验。

一、相关概念及研究综述

课程思政的概念一提出，就成为教研教改的重点研究方向。通过考察已有研究可以发现，当前的研究成果主要可以分为三类。具体如下：

第一，阐述课程思政内涵。例如，许小军（2021）从马克思主义哲学视角和社会主义文化视角讨论了课程思政的内涵，指出课程思政的内涵体系是将"专业课程中的知识和技能元素与思政元素进行交融"，从而形成的由知识、技能、思政元素组成的三位一体体系[1]。刘建军（2020）认为，课程思政的内涵是育人，即通过专业课教学实现对学生的三观的塑造，以此体现高校的社会主义办学方向与立德树人要求[2]。聂迎娉、傅安洲（2020）认为，课程思政是一种"回归"，是知识技能教育向学生精神世界成长的回归[3]。从上述研究可以看出，课程思政的内涵在我国学界已经有了基本的统一认识，即课程思政是利用专业课程对学生进行思想层面的教育，以此实现学生知识技能与道德情操双增长的目的。

第二，阐述课程思政的宏观落实方向。例如，张大良（2021）认为，在课程思政的落实方向中，"根本在思政，重点在课堂，关键在教师"，要取得课程思政落实的成功，全体教师的参与至关重要[4]。沙军（2018）认为，课程思政是对"思政课程"边界的拓展，在落实课程思政的过程中，"内容建设、教学方法、师资团队乃至互联网手段的使用"等都需要得到重视[5]。欧平（2019）认为，课程思政是坚持办学正确政治方向的必然要求，是落实立德树人根本任务的现实需要，因此落实课程思政需要学生、教师和教学管理人员的全员参与[6]。从上述研究可以看出，虽然学界在如何落实课程思政这一问题上基于不同立场提出了多种宏观方向，但教师参与在课程思政落实过程中的重要性得到广泛承认。

第三，阐述课程思政在具体专业课程中的落地方案。以经管类专业课程为例，靳卫萍（2020）指出，由于中国经济的实践不同于西方国家，在经济学原理的课程教学中，应该使用中国的成功案例，让学生对中国的制度与道路做到"我知、我信、我行"，以此实现课程思政的落地[7]。另外，在一些实操性较强的课程中（如供应链管理、物流管理等），在课程中嵌入"国家发展热点""大国重器"等观点，让学生通过专业课程学习领会国家发展方向，从而以将自身发展与国家需要相结合的方式落实课程思政也被学者广泛提及（张光明，2021；王荣花，2021）[8][9]。

通过对已有研究进行考察可以发现，当前针对课程思政的研究已经完成了从顶层设计到实施方向，再到具体落实方案的整个过程。

已有研究成果证实了不同专业、不同课程落实课程思政的具体措施并不一样，需要针对特定课程设计不同的方案，这也验证了本文研究的必要性。

二、内陆应用型高校国际物流课程的特点及落实课程思政的难点

（一）内陆应用型高校国际物流的课程特点

上文提到，落实课程思政需要根据不同课程的特点设计有针对性的方案。因此，在针对内陆应用型高校的国际物流课程设计课程思政方案之前，我们需要先对其课程特点进行梳理。本文认为，内陆应用型高校中的国际物流课程，应该体现内陆型高校和应用型高校的特点。具体如下：

第一，内陆应用型高校的国际物流课程存在应用场景困难。自国际贸易拉动国民经济增长的强劲动力被各国所认知以后，国际贸易开始了飞速发展。在此过程中，如何实现商品从一国到另一国的移动成为各国商人和学界所关注的问题。迄今为止，由于运输成本与技术方面的限制，海运一直都是国际贸易中最主要的运输方式，也是国际物流的主要方式。即使在集装箱技术发展、国际多式联运兴起的背景下，海运仍然是重要的运输方式。

在国际物流的教学过程中，海运以及以海运为中心的国际多式联运的实践操作，是应用型高校的教学重点，也是当前《国际物流》教材的重点内容。然而，对于内陆地区而言，绝大多数的国际物流

枢纽都是以铁路为中心展开建设的，如四川自贸试验区成都青白江铁路片区中的中欧物流园，就依托中欧班列站点打造的国际多式联运枢纽。对于内陆地区的国际物流体系，以海运为中心的教学内容显然与学生毕业之后的工作场景存在较大差异。

第二，国际物流课程的实践性较强。国际物流是国际贸易的重要支撑行业，国际物流课程在学习和研究上具有双重课程属性。一是行业研究属性。在国际物流课程中，学生需要了解国际物流行业的发展历程、技术进步，以及相关的政策导向。对国际物流的行业属性进行研究，一方面可以帮助学生深入了解国际物流的行业发展，另一方面可以培养学生对于国际物流行业的政策敏感度。二是实践习得属性。通过对国际物流课程的学习，学生需要掌握国际物流行业一线的实践操作技能，如报关报检、运输单据签发、码头作业等。让学生通过学习习得从事国际物流相关业务需要的职业技能是国际物流课程重要的实践教学意义。

由于国际物流课程的以上两个特点，因此内陆应用型高校在开展国际物流课程教学活动时存在以下两点困难：一是教学重点选择困难。对应用型高校而言，国际物流课程应该采取以实践习得属性为主、行业研究为辅的教学实施路径。如上文所述，由于地处内陆，高校教学选择实践习得为主的教学实施路径也会存在教学内容无法落地的问题。二是教学效率低下。对于实践型课程而言，作业现场体验的教学效果要明显高于课堂讲授，内陆应用型高校开展国际物流课程教学活动，既无法为学生提供毕业之后的就业途径，教师也难以在教学活动进行过程中保持高效率的知识技能传授。

（二）内陆应用型高校国际物流落实课程思政的困难

内陆应用型高校国际物流课程的特点，使得在开展国际物流教学活动的过程中实现高质量应用型人才培养存在困难，也使得国际物流在落实课程思政时存在困难。具体分析如下：

第一，国际物流教材不统一。众所周知，"马工程"教材对于人文社科类专业课程的课程思政落实起到了重要的推动作用。"马工程"教材是各专业领域的顶级专家对各专业课程中思政元素挖掘的范例。在使用"马工程"教材的过程中，主讲教师消化已经提炼的思政元素成为落实课程思政的首要方向。需要注意的是，当前已经出版的人文社科类"马工程"教材，大多是高度理论性的课程，而国际物流这一类实践性较高的课程还没有"马工程"教材，课程的主讲教师需要根据不同教材内容的选择，自行挖掘课程中的思政元素。主讲教师对于思政元素的挖掘能力不同，国际物流课程在落实课程思政时的效果难以得到保障。

第二，思政元素挖掘困难。与自然科学的绝对真理不同，人文社会科学采用不同的研究方法可能得出截然不同的研究结论。课程思政的本质则可以总结为"以马克思主义哲学的视角和方法论研究科学问题"。国际物流虽然属于人文社科领域的专业课程，但具有高度实践性。同时，由于国际物流实践作业的标准性，在应用型高校的国际物流教学活动中，很难体现中国元素，这就导致了国际物流课程思政元素的挖掘比较困难。

综上所述，内陆应用型高校开设国际物流课程，在落实课程思政上存在的困难主要来自高校的应用型性质与国际物流课程的实践课程性质。要解决此问题，首先需要解决应用型导致的思政元素挖掘困难问题。

三、内陆应用型高校国际物流的课程思政落实方案设计

（一）课程思政落实方案设计

内陆应用型高校国际物流课程在落实课程思政上存在的困难，主要源于应用型高校对国际物流课程的实践习得属性的选择，使得国际物流课程更多偏向于标准实践操作，从而缺乏哲学方法论层面的思考。为了解决此问题，本文提出以下两个突破点：

第一，在背景知识中融入思政元素。本文认为，应用型教育不同于职业型教育，将应用型教育等同职业教育是当前应用型教育中容易出现的误区。既然如此，应用型高校在开展实践习得性课程教学活动的时候，所教授的内容不应该局限于实践作业流程，而是应该在一定的理论基础上，培养学生运用理论以处理实际问题的能力。在此过程中，学生需要对相关行业具有一定了解。因此，本文建议，应用型高校在开展国际物流课程的教学活动时，在学生进入实践习得学习之前，对其进行行业发展教育。在此过程中，教师可以通过介绍"一带一路"国际物流的发展提升学生对于我国物流行业的自

豪感，以此达到课程思政落实的要求。

第二，通过职业道德与从业自豪感挖掘思政元素。关于课程思政的目的，全国高校思想政治工作会议上已经做了确定，课程思政解决的是"培养什么样的人""为谁培养人"的问题。因此，我们可以将落实课程思政的目的解读为"培养拥护我国社会主义现代化建设的接班人"。那么，高校在进行人才培养的时候，不仅需要将学生培养成拥护社会主义制度的人，还要将学生培养成为能参与现代化建设的人。就国际物流课程而言，培养学生"高尚的职业道德素养""强烈的行业从业自豪感""熟练的实践作业技能"都应该成为课程思政的目标。有鉴于此，有关国际物流行业的职业道德与从业自豪感可以成为思政元素的重点挖掘方向。

（二）课程思政落实方案的推进

上述方案可以解决应用型高校国际物流课程在教学活动中如何落实课程思政的问题，方案如何推进是另一个需要讨论的问题。对于内陆高校而言，无法为学生提供真实的国际物流作业场景是其面临的最大问题。这个问题同时也阻碍了国际物流课程教学活动中课程思政的落实。内陆高校也需要积极探索给学生提供国际物流作业场景的方法。本文提供以下两点建议：

第一，以为数不多的内陆国际物流枢纽为中心开展教学活动。例如，四川自贸试验区建设过程中所设立的成都青白江铁路国际物流枢纽，这个地处内陆的国际物流枢纽不仅承担着我国西部内陆地区陆路连接欧洲与北非的国际贸易终端的任务，同时也见证了中欧班列的迅速发展与共建"一带一路"倡议的兴盛。类似的内陆国际物流枢纽可以成为内陆高校开展国际物流教学活动中落实课程思政的突破口。

第二，以沙盘或仿真方式展现国际物流的作业场景。无论内陆国际物流枢纽如何建设，在当前环境下，海运仍然是国际物流的首选手段。对于内陆高校而言，面对学校远离港口的问题，其可以采取建立沙盘或使用仿真的手段加以克服，以沙盘或仿真实验实训课程的形式为学生呈现国际物流的现场作业，并借此展开从业道德层面的教育。

四、结束语

由于课程思政是我国教育领域中的国家顶层设计，因此，在高校的人才培养中，所有专业课程都应该积极落实课程思政。由于落实课程思政需要根据不同专业课程的特点制定相适应的方案，因此在落实课程思政的问题上，不存在所谓的标准方案。本文针对内陆应用型高校所开设的国际物流课程的特点，就课程思政的落实问题展开了研究。

针对国际物流课程的实践习得属性，教学团队通过在行业背景知识中融入思政元素，以及通过职业道德与从业自豪感融入思政元素是两条可行的课程思政落实路径。同时，针对内陆高校远离港口的问题，本文提出了以内陆国际物流枢纽为中心的教学建议，以及以沙盘、仿真手段向学生提供真实的国际物流作业场景的建议，并以此为手段推进课程思政的落实。

参考文献

[1] 许小军. 高校课程思政的内涵与元素探讨 [J]. 江苏高教，2021 (3)：101-104.

[2] 刘建军. 课程思政：内涵、特点与路径 [J]. 教育研究，2020，41 (9)：28-33.

[3] 聂迎娉，傅安洲. 意义世界视域下课程思政的价值旨归与根本遵循 [J]. 大学教育科学，2021 (1)：71-77.

[4] 张大良. 课程思政：新时期立德树人的根本遵循 [J]. 中国高教研究，2021 (1)：5-9.

[5] 沙军. "课程思政" 的版本升级与系统化思考 [J]. 毛泽东邓小平理论研究，2018 (10)：81-85，108.

[6] 欧平. 高职高专课程思政：价值意蕴、基本特征与生成路径 [J]. 中国高等教育，2019 (20)：59-61.

[7] 靳卫萍. 经济学原理课程思政的初步实践 [J]. 中国大学教学，2020 (Z1)：54-59.

[8] 张光明. 课程思政嵌入方式与实施策略：以供应链管理课程为例 [J]. 物流技术，2021，40 (4)：149-152，156.

［9］王荣花. 独立院校物流管理专业"课程思政"改革路径分析：动因、现状与思路［J］. 物流技术，2021，40（4）：139-141.

数字经济背景下
企业经营沙盘模拟课程思政改革研究

王 晓

（绵阳师范学院经济与管理学院）

摘要：随着数字经济时代的到来，教育领域也迎来新的挑战和机遇。如何将课程思政与财经学科教学相结合，成为当前教育改革的重要课题。本文以"企业经营沙盘模拟"课程为例，探讨了数字经济对课程思政建设的影响，并从课程设计、教学方法等方面展开探讨，旨在为当代财经学科教学提供新的思路和实践经验。

关键词：数字经济；课程思政；企业经营沙盘模拟

一、引言

2020 年 5 月，教育部印发《高等学校课程思政建设指导纲要》，指出要全面推进课程思政建设，深度发掘各类课程的思想政治教育资源，寓价值观引导于知识传授和能力培养之中，帮助学生塑造正确的世界观、人生观、价值观。对于广大高等学校教师而言，课程思政可以提升其政治素养，有助于其引导学生正确客观看待问题，激发学生的爱国热情和民族自豪感；对于大学生而言，课程思政可以提升其思想政治觉悟，从而成长为全面发展、德才兼备、拥有远大理想目标的优秀人才。

随着信息技术的飞速发展和深入应用，数字经济已经成为全球经济发展的一个重要方向。数字经济是指以数字技术和信息网络为支撑，推动经济活动朝着数字化、网络化和智能化方向发展的经济。数字经济以信息技术为基础，通过数字化、网络化和智能化的方式，重构传统产业和经济模式，从而推动经济增长和创新发展。数字经济的快速发展正在深刻地改变着世界各国的经济格局和人们的生活方式。教育作为社会发展的重要组成部分，也必须与时俱进，适应数字经济时代的需求，为学生提供更加贴近实际的教学内容和方法。同时，学生也需要具备全新的知识和技能来适应这一变革。但是传统的财经教学模式已经无法满足学生的需求，教师需要结合数字技术和实际案例展开教学。

数字经济的快速发展使得高等教育需要更加注重学生的实践能力和创新意识，而课程思政作为高校教育的重要组成部分，则需要更好地与数字经济相结合，引导学生适应数字经济发展的要求。课程思政要注重培养学生的创新精神和实践能力。

企业经营沙盘模拟课程是一门财经类的实践课程，通过模拟企业经营环境和市场竞争情况，使学生在实践中学习经济学、管理学和市场营销等知识，让学生身临其境地感受企业经营的挑战和机遇，培养学生的决策能力、团队合作能力和创新思维。通过学习这门课程，学生能够培养自主思考的能力、团队合作意识、责任意识和风险意识，从而更好地适应未来的社会生活和职业发展。

因此，本文以企业经营沙盘模拟课程为例，试图探讨在数字经济背景下如何融入课程思政，提升学生的教学效果，以期为高校教育提供新的思路和实践经验，并提出相关的探索和建议。

二、数字经济对企业沙盘经营模拟课程的影响

企业经营沙盘模拟课程能够激发学生的思维和创造力。在模拟经营的过程中，学生需要分析市场情况、制定经营策略、解决问题等，这些都需要学生不断思考和探索。首先，通过学习企业沙盘经营模拟课程，学生能够培养自主思考的能力，从而提高他们的创新意识和解决问题的能力。其次，企业沙盘经营模拟课程能够培养学生的团队合作意识和沟通能力。在模拟经营中，学生需要和其他同学合作，共同制订经营方案、分工合作、协调沟通等。通过这样的活动，学生能够提高团队协作的能力，培养他们的沟通技巧，增强团队合作的意识，从而更好地适应未来的职业发展。再次，企业沙盘经营模拟课程能够加强学生的责任意识和风险意识。在模拟经营中，学生需要承担起经营的责任，面对各种风险和挑战。通过这样的活动，学生能够培养责任感，增强风险意识，从而更加成熟地面对未来的社会生活。课程的设计将数字技术和实际案例相结合，通

过沙盘模拟的方式让学生在虚拟的经营环境中体验真实的商业决策过程。在教学实践中，教师可以运用虚拟现实技术、大数据分析等手段，使学生能够更加真实地体验企业经营的复杂性，培养学生的创新精神和实践能力。同时，课程还引入了伦理、道德和社会责任等内容，引导学生在经营活动中思考企业的社会责任和可持续发展。企业沙盘经营模拟课程作为一种新型的思政教育模式，对大学生思政教育有着积极的促进作用。

（一）课程方面的影响

数字经济对企业沙盘经营模拟课程的影响主要表现在以下几个方面：

1. 改变了企业经营模式

在数字经济时代，企业的经营方式发生了巨大变革，包括从线下到线上的转变、从传统销售到电子商务的转变等。这些变革对企业沙盘经营模拟课程提出了新的挑战，也为课程的教学内容和方法提供了新的思路。在数字经济时代，营销策略已经不再局限于传统的广告和促销。通过引入数字营销和社交媒体营销等概念，学生可以在沙盘经营模拟课程中实践创新的营销方式，培养创新意识和营销策略的设计能力。

2. 拓展了教学资源

在数字经济时代，海量的信息和资源可以被数字化、网络化，这为企业沙盘经营模拟课程提供了丰富的教学资源。教师可以通过互联网获取最新的案例、数据和资讯，为课程的教学提供更多的素材和案例分析。数字经济强调数据共享和信息互联，企业需要具备互联网思维才能在竞争激烈的市场中立于不败之地。企业沙盘经营模拟课程通过引入互联网思维的案例分析和讨论，可以激发学生的创新思维和团队合作能力。

3. 提升了学生实战能力

在数字经济时代，企业管理所需的技能和能力也发生了变化，企业管理人员不仅需要掌握传统的管理知识和技巧，还需要具备数字化思维、数据分析能力、网络营销技能等。企业在经营决策中越来越依赖于数据驱动的思维方式。在课程中，引入数据分析和实时监控系统，能够使学生更深入地理解数据对企业决策的影响，培养学生数据驱动的思维方式。在这种背景下，企业沙盘经营模拟课程需要更加注重培养学生的实战能力和创新意识。

因此在数字经济背景下，课程设计需要更加注重贴近实际、注重实践的特点。在企业经营沙盘模拟课程设计中，教师要结合当前数字经济的发展的特点，设置相关的模拟场景，让学生在模拟中体验数字经济背景下企业经营的复杂性和挑战性，培养学生的实践能力和解决问题的能力。

（二）课程思政方面的影响

数字经济对企业沙盘经营模拟课程思政的影响主要表现在以下几个方面：

1. 价值观念的更新

在数字经济时代，价值观和道德伦理观念也随之发生变化。企业沙盘经营模拟课程可以通过案例分析和角色扮演等形式，引导学生思考数字经济背景下的道德取向和社会责任感。

2. 创新精神的培养

数字经济强调创新和变革，企业经营沙盘模拟课程可以通过模拟真实的商业环境，激发学生的创新意识和实践能力，培养学生积极进取的品质。

3. 社会责任感的培养

在数字经济时代，企业的社会责任和可持续发展意识日益受到关注。企业经营沙盘模拟课程可以引导学生思考企业在数字经济背景下的社会责任，培养学生的社会责任感和全局观念。

因此在数字经济背景下，教学内容需要进行更新与拓展。课程思政应当引入与数字经济相关的新知识和新概念，拓展学生的知识面，使其更好地适应数字经济时代的发展。同时，课程思政需要加强对学生数字素养的培养。教师可以通过课程设计，加强对学生的信息技术应用能力和信息素养的培养，使学生能够更好地适应数字经济时代的发展需求。课程思政需要加强跨学科教学的开展，促进不同学科之间的交叉融合，培养学生的综合能力和创新能力，从而更好地适应数字经济时代的发展。

三、数字经济背景下企业经营沙盘模拟课程思政的教学改革思路

基于数字经济对企业沙盘经营模拟课程的影响，本文提出以下教学改革建议。

（一）更新课程内容，充分挖掘思政元素

当代大学生在进行海量数据挖掘和运用的同时，他们的思维方式和价值观也在无形中受到了影响，这就对我们专业课程的思政教育提出了新的要求和挑战。针对数字经济时代的特点和企业经营的新趋势，本课程的教学内容客观上需要进行适应调整，建议增加数字化经营、网络营销、数据分析等相关知识和案例。

企业经营沙盘模拟这门课程的专业性较强，老师们在准备课程时，需要大量查阅各种课外资料，拓展视野和思路，充分利用各种资源将课程内专业知识与思政要素相结合，在传授专业知识和技能的同时实现品德教育，相互嵌入，有机融合，引导学生将企业经营理论与我国实际发展情况相结合，深入理解我国各项政策，增强学生文化自信和制度自信，形成社会主义核心价值观。在进行课程思政改革时，教师要既注重专业知识与思政元素的有效结合，又注意实践与理论的衔接，把握时事热点，把握思政教育方向，更新教学内容。例如在课程中，教师可将如今国际经济形势作为讨论素材，

引发学生思考，如在讲开拓亚洲和国际市场等知识点时，可以给学生讲解下中美贸易摩擦，在课前上传相关资料到超星平台，等学生自行学习后再充分讨论，深刻分析中美贸易摩擦产生的原因及后果。这样一方面能使学生了解我国社会主义的优越性，理解全球不同社会和经济制度下的矛盾，增强社会主义道路自信；另一方面能够提高学生收集资料、分析资料的能力，培养其个人素养和职业能力。

（二）引入新技术工具

教师要充分利用数字技术和网络资源，引入企业管理领域的新技术工具，如数据可视化工具、营销自动化软件等，让学生在课程中亲自体验和应用这些工具。其中，数字经济的发展使得数据分析成为企业决策的重要工具。在课程中，教师可以加强学生对数据的收集、分析和利用能力的培养，让学生能够更好地利用数字经济的信息化资源进行决策分析；可以借助雨课堂、微信、超星平台等网络平台构建各种任务场景，让学生更真切地学到真实商战经验；可以通过行为学习、项目驱动等方式让学生更深入地感受当前数字企业智能化的真实场景，使学生深刻体会到学习数字技术的重要性，提升解决实际问题的水平。

（三）强调创新和创业精神

数字经济的发展为我们创造了更多的创新和创业的机会。因此，教师在课程中可以加强对学生创新和创业精神的培养，鼓励他们在模拟经营中提出创新的经营策略，并且了解数字经济对创新和创业的影响；通过设计丰富多彩的模拟场景，激发学生的学习兴趣，提高学习的积极性。

（四）加强伦理和社会责任教育

数字经济的发展对企业的伦理和社会责任提出了新的挑战，因此在课程中，教师可以加强对学生伦理和社会责任意识的培养，让他们意识到数字经济发展对企业的社会责任和道德要求，引导他们更加注重企业的可持续发展和社会责任。在教学实践中，教师可以通过设计不同的经营场景，引导学生思考企业经营中的伦理和道德问题。例如，在模拟的经营过程中，教师可以设置环境保护、员工福利、消费者权益等场景，让学生在决策中考虑这些伦理和社会责任的因素。同时，教师可以组织讨论和辩论，引导学生探讨企业在数字经济背景下应该如何平衡经济利益和社会责任，培养学生的批判性思维和道德情操。

四、结论

数字经济的快速发展对课程思政产生了深远的影响，教育界需要从数字经济的角度出发，及时更新教学内容，加强数字素养教育，强调创新和创业精神并加强伦理和社会责任教育，以适应数字经济时代的发展需求。

参考文献

［1］陈道武.课程思政：高校全程全方位育人的有效途径［J］.齐齐哈尔大学学报（哲学社会科学版），2017（12）：3.

［2］陈雪贞.最优化理论视角下大学英语课程思政的教学实现［J］.中国大学教学，2019（10）：45-48.

［3］高燕.课程思政建设的关键问题与解决路径［J］.中国高等教育，2017（Z3）：11-14.

［4］贺景霖.高校课程思政的价值内核及建设路径探究：以宏观经济学课程教学为例［J］.吉林省教育学院学报，2022，1（38）：85-89.

［5］马海华，邓森磊，张浩军."双万计划"下以学生为中心的教学范式改革探究［J］.河南工业大学学报（社会科学版），2021，37（1）：90-96.

［6］茆健，李梓毓，杨晓丹.宏观经济学课程思政元素的挖掘及其融合探究［J］.对外经贸，2021（2）：120-123.

［7］戚静.高校课程思政协同创新研究［D］.上海：上海师范大学，2020.

［8］邱伟光.课程思政的价值意蕴与生成路径［J］.思想理论教育，2017（7）：10-14.

［9］孙辛勤，施建军，张台秋.西方经济学教学中的价值观引导问题［J］.高等教育研究，2017（3）：82-86.

思政铸魂、数智赋能 农林院校新财经人才培养模式探索与实践

吴 平 张 剑

（四川农业大学经济学院）

摘要：本文探讨了四川农业大学经济学院在数智时代下新财经人才培养模式的改革与实践。即通过整合思政教育与专业教育，推动教育数字化转型，培养具备数据分析能力和跨学科知识体系的财经人才；实施五位一体的育人模式，利用人工智能技术提升教学效果，并通过社会实践活动加强学生的实践能力培养。

关键词：数智时代；财经人才培养；教育数字化转型

一、研究背景与意义

党的二十大报告指出，"教育、科技、人才是全面建设社会主义现代化国家的基础性、战略性支撑"。同时提出了要"推进教育数字化"，为新时代新征程进一步发展高等教育数字化指明了方向、提供了遵循。从高速增长到高质量发展需要数字化转型创新驱动，教育

生态的系统性变革与创新呼唤教育数字化转型赋能。国内已有不少关于教育数字化转型赋能的研究，如祝智庭等（2022）聚焦教育数字化，提出了教育数字化转型的内涵；黄荣怀等（2022）指出促进教与学过程全要素、教育管理全业务是教育数字化转型的核心。这些研究再次证实了教育数字化转型是支撑高质量教育体系的必由之路，这已是大势所趋、发展所需、改革所向。因此，探索以思政育人为核心，以数字赋能为支撑的"经世济民"新财经人才培养体系改革，积极推动数字技术、课程思政教育与专业教育的深度融合，具有重大的理论和实践意义。

二、当下农林高校财经人才培养面临的主要问题

（一）思政教育对人才培养的引领性不足、课程思政与专业知识融合度不高

传统的思政教育主要注重道德品质和社会责任感的培养，但缺乏对实际问题的应用和创新思维的培养。目前，农林高校财经专业部分课程目标定位不明确，缺乏整体科学体系思维，没有从"思政元素"融入专业课中应遵循的原则出发，制定可实施性较强的教学改革方案，部分课程思政过于理论化，缺乏与现实生活、实际问题的深入联系，导致学生对课程思政的兴趣不大，学习效果有限。

（二）数智化浪潮下财经人才培养核心能力急需重新定位

数智时代，经管类人才培养的核心目标有待重新定位。学生具

有哪些核心能力才具备"数智时代生存力"？相应课程体系如何适应人工智能驱动下的新型知识、能力培养需求？如何利用数智化技术活跃学生创造性思维？这些问题都急需得到解答。

（三）数智化浪潮对财经人才培养模式的冲击巨大

在明确了数智时代财经人才核心能力后，高校应充分利用智能技术更新教学组织方式，改善教学体验，合理利用生成式人工智能对教学过程的评估与反馈，全面提升学生核心能力。随着经济学与其他学科的交叉融合，新财经人才需要具备跨学科的知识体系和创新能力，师资队伍也需要进行多元化建设，吸引不同学科背景的优秀人才，为学生提供丰富的学术资源和数字化实践机会。

三、新财经人才培养的已有实践

（1）思政铸魂，专业固本。秉承"三全育人"理念，探索创构了"课程思政引领+一流专业课程+一流师资队伍+一流科研反哺+产教融合赋能"五位一体的育人模式，将思政教育全面贯穿到人才培养体系、课程设计、教学资源教学研讨、实验实训等各环节。近 5 年团队成员获省部级、校级各类教育教学改革项目近 20 项；获省级教学成果奖一等奖 1 项、二等奖 2 项，校级教学成果奖特等奖 2 项，各类教学质量工程 10 余项；金融学、经济学专业分别成为国家级、省级一流本科建设专业建设点，国贸专业成为省级课程思政示范专业；省级课程思政示范课程 2 门，校级课程思政示范课程 4 门；省级课程思政教学团队 1 个，校级团队 1 个；宏观经济学课程在"新华思政"（全国高校课程思政教学资源服务平台）上线。

（2）数字赋能，创新方法。借助人工智能技术这个"增量"，不断增强师生数字素养和数字思维，敢于走进"网端"、走上"云端"，利用"MOOC+翻转课堂"无边界课程、课程 QQ 群、虚拟仿真等技术开展身临其境的沉浸式教学，真正使教学过程从"大水漫灌"转换为"小水滴灌"，使教学效果从"定性评价"转换为"数字呈现"。

（3）多维并进，实践育人。深度挖掘第二课堂的思政元素，定期举办"经济金融热点问题大讲堂""青年红色金融史参访"等社会实践活动，同时项目组采用课题与毕业论文、科研兴趣项目、竞赛相匹配，科研成果与理论教学、实践教学相结合的方式，将"精准扶贫""绿色发展"等科研成果进教材、进课堂、进实践、形成多维度的"教学+科研"平台。与四川省农村信用社、四川国际农产品交易中心等十余家单位签订校外实习实践基地。切实将实践思政教育、专业教育与乡村振兴实践紧密结合，培养学生"经世济民"的情怀与使命。

四、新财经人才培养模式的新探索

(一) 改革目标

(1) 数智时代新财经人才核心能力的重新定位。工业化时代财经人才主要需要掌握财务、管理、营销等方面的知识和技能。但是在数智时代,这些能力需要与信息技术和数据分析相结合,例如需要行业洞察力、数据分析能力、跨领域合作能力等新的技能。如何准确识别适应未来发展需求的能力,并将这些能力转化为高校新财经人才培养的目标是本研究的第一个目标。

(2) 构建适应数智时代的新财经人才培养课程体系。数智时代需要具备数字化基础研发能力、数字化交叉融合能力和数字化治理能力的新财经人才,他们既要掌握数字化的专业知识和技能,又要具备商业洞察力、创新思维、领导力、学习能力、变革能力等素养,能够在数字化场景下进行有效的分析、决策、管理和创新。一方面,高校要加强数字化基础课程的设置和教学,让学生掌握数字技术的原理、方法和应用。另一方面,高校要开设数字化应用课程,让学生了解数字技术在各个领域的实际运用和价值创造。还要注重跨学科交叉课程的开设,让学生探讨数字技术对社会经济发展的影响和挑战。

(3) 利用数智化技术将课程思政有机融入育人体系。高校应利用数智化技术,丰富思政教学内容,提高思政教学质量。通过聚合海量的教学素材和资源，打造全方位、立体化的教学资源库，为思政教师提供丰富多样的学习资料和教学素材。创新思政教学方式，改善思政教学效果。利用数智化技术，可以实现线上线下混合教学、翻转课堂等创新教学模式，不仅提高了课堂的参与度和互动性，还充分调动了学生的自主性和创造性。利用数智化技术，完善思政教学评价体系，提高思政教学水平。

（二）路径及举措

以数智时代培养具有"爱农情怀"和"兴农本领"的经世济民之才为改革目标，以"精神塑造"和"能力培养"的"双螺旋"为改革推进主线，以数智时代新财经人才培养目标、课程体系、育人路径等系统重塑和创新为改革路径，落实立德树人根本任务，运用成果导向教育（outcome based education，OBE）的教学理念，以改革成效引导改革过程调适，最终实现数智时代农林高校新财经人才"精神塑造"和"能力培养"螺旋上升、整体育人。具体路径如图1所示。

（1）厘清人才能力需求，实现数智时代新财经人才核心能力培养目标科学定位。建立"用人单位+学生+教师+教学管理部门"的数智时代农林高校新财经人才核心能力需求反馈平台，动态、精准、多元化搜集数智时代新财经人才核心能力培养需求，厘清数智时代对大学生新型知识、数智能力、创新思维的新定位。

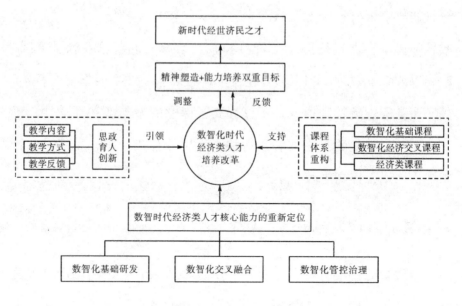

图 1 数智时代经济类人才培养改革

（2）优化人才培养方案，探索重构数智时代新财经人才课程体系。根据数智时代对新财经人才在数字化场景下进行有效分析、决策、管理和创新能力的新要求，及时优化新财经相关专业人才培养方案，增设数智化基础课程、数智化与经管类专业交叉融合等推选课程，重构数智时代新财经人才课程体系。将数智素养培育融入基础性课程、选择性课程、发展性课程三大学科课程，提升学生掌握数字技术的原理、方法和应用的能力，使学生了解数字技术对社会经济发展的影响和挑战，从而适应数智时代对人才培养的新要求。

（3）创新思政育人数智路径，实现课程思政与专业知识深度融合。采用模块法、嵌入法等优化课程思政教学内容、教学方式、教学反馈，通过聚合海量的教学素材和资源，打造全方位、立体化的课程思政教学资源库；基于"实体+虚拟"学习实验空间，利用

"MOOC+翻转课堂"无边界课程、课程QQ群、虚拟仿真等技术开展身临其境的沉浸式教学，创新课程思政教学方式；建立教学智能反馈系统，将教学效果从"定性评价"转换为"数字呈现"，提升课程思政教学效果反馈效率，持续优化课程思政教学水平，实现课程思政与专业知识深度融合。

（4）提升师资数智素养，推进数智时代新财经人才培养能力的持续提升。师资数智素养是培养和发展学生数智能力的必要条件。一要提升不同发展阶段教师的数智素养，建立"分类培养、分层推进"的教师研训机制，为不同层次的教师搭建学习平台、工作平台、支持平台和展示平台。二要提升教师队伍科研水平，用科研反哺教学，及时将本学科数智前沿的信息渗透到教学过程中，开阔学生学术视野、启迪科学思维、塑造创新精神。

（5）拓宽校内外资源，实现数智时代新财经人才多渠道的联动培养。实施中外联培拓展，定制化联建共建实习基地等方式，通过与高校、国内金融机构等合作，及时对接社会需求，联动培养学生对数智时代经济才能的运用能力。

参考文献

［1］祝智庭，孙梦，袁莉.让理念照进现实：教育数字化转型框架设计及成熟度模型构建［J］.现代远程教育研究，2022，34（6）：3-11.

[2] 黄荣怀. 加快教育数字化转型推动学校高质量发展 [J]. 人民教育, 2022, (Z3): 28-32.

[3] 周伟, 杜静, 汪燕, 等. 面向智慧教育的学习环境计算框架 [J]. 现代远程教育研究, 2022, 34 (5): 91-100.

[4] 张黎, 周霖. 数字化时代思想政治教育时间的流变、异化与重构 [J]. 思想理论教育, 2024, (2): 93-99.

[5] 任胜洪, 张蓉, 胡梦. 教育数字化赋能乡村教育现代化: 应为、难为与可为 [J]. 中国电化教育, 2024, (1): 85-90, 103.

[6] 祝智庭, 朱晓悦, 胡姣, 等. 数智技术赋能开放教育再开放 [J]. 开放教育研究, 2024, 30 (1): 16-23, 32.

[7] 孔祥维, 王明征, 陈熹. 数字经济下"新商科"数智化本科课程建设实践与探索 [J]. 中国大学教学, 2022, (8): 31-36.

[8] 翟亚军, 王战军. 数智赋能我国研究生教育管理组织形态的变革与建构 [J]. 清华大学教育研究, 2023, 44 (6): 63-73.

[9] 李蕉. 在理念、理解、理论之间: "大思政课" 建设的知识学审视 [J]. 思想理论教育, 2024, (3): 24-30.

[10] 卢浩宇, 李强. 中国式现代化视域下高等教育现代化的价值维度、实践重心与推进路径 [J]. 教育理论与实践, 2024, 44 (9): 3-9.

[11] 李奕. 加快形成新质生产力的教育贡献: 来自首都高等教育高质量发展的实践与启示 [J]. 国家教育行政学院学报, 2023, (10): 11-14.

[12] 尚智丛，闫禹宏. ChatGPT 教育应用及其带来的变革与伦理挑战 [J]. 东北师大学报（哲学社会科学版），2023，(5)：44-54.

[13] 吴兰岸，闫寒冰，黄发良，等. 大型语言模型在高等教育中的应用分析与现实挑战 [J]. 现代教育技术，2023，33 (8)：29-37.

第二篇

数智赋能篇

教育数字化背景下高校数字教材出版的困境与对策研究[①]

冯卫东　李玉斗　李特军　石晓东　金欣蕾

（西南财经大学出版社）

摘要： 数字化改革在教育领域的推进速度不断加快，而数字教材建设既是落实教育数字化的重要抓手，也是加强教材建设与管理的必然要求。高等教育出版面临的重要任务是如何顺应教育信息化时代的学习方式变革，正确定位数字教材，以便更好地支持高校教学数字化改革。本文首先定义数字教材的概念，分析其特点；其次根据调研材料，对目前我国大学教材建设情况进行分析；最后探讨高校数字教材发展的困境，并以此为依据，分析产生问题的原因，提出高校数字教材出版的发展战略，为新时代高校数字教材的建设提供参考。

关键词： 高校；数字教材出版；对策研究

习近平总书记在党的二十大报告中提出，"推进教育数字化，建

---

① 本文为2023年四川省教材建设指导委员会项目结项成果。项目负责人：冯卫东。项目组成员：李玉斗、李特军、金欣蕾、石晓东、李佳、王晓磊。

设全民终身学习的学习型社会、学习型大国"。这不仅为我们进一步做好教育出版工作指明了前进的方向，而且首次提出了"加强教材建设和管理"的重要任务。

2018—2023 年，教育部办公厅先后印发了《关于组织开展战略性新兴领域"十四五"高等教育教材体系建设工作的通知》《"十四五"普通高等教育本科国家级规划教材建设实施方案》《教育课程教材改革与质量标准工作专项资金管理办法》，均涉及鼓励数字教材建设。政策的颁布体现了数字教材建设在国家层面的重要程度。

在此背景下，本文首先探讨了数字教材的概念和特点，其次分析了目前我国高校数字教材建设的现状，最后对高校数字教材出版面临的困境进行了分析，并提出了相应的对策和建议。

一、数字教材概述

（一）数字教材的概念

"数字教材"是一个动态的概念，其内涵随融入其中的数字技术的不同而变动。随着时代更替和数字技术迭代，"数字教材"这一概念所指称的对象及其形态、功能也在不断发生变化。人们对这一概念的认识、界定也随之改变，并由此形成了第一代数字教材、第二代数字教材和第三代数字教材。

第一代数字教材主要以语言文字、图形图像等无交互特性的静态文本形式存在。这种形式的数字教材在技术上的关键是数字化处理，即将传统的纸质教材内容数字化，以便在电子设备上显示和传播。静态文本的数字教材是由利用计算机技术、借助特定设备，复制传播相应信息的电子图书（electronic book）衍生而来的[1]。陈桄等认为数字教科书（digital textbook），又称电子教科书（e-textbook），是一类遵循学生的阅读习惯，有利于组织教学和学习活动的电子书或电子读物，它符合课程目标要求，一般按图书的排版形式编排[2]。

第二代数字教材是指多媒体数字终端，具有较弱的互动性。这类数字教材又称电子教材，是集多种信息表达媒介于一体的教材，如教材内容、声音、静态图片、动画、视频等，也是"将音频、视频、互动、文字资源通过数字应用呈现出来的集成模块"[3]。这种教材是以终端的形式出现的，各种媒体资源根据教学需要、以互动式设施为支撑进行聚集和整合，所以，它具有简单的单向互动性。

第三代数字教材是富媒体数字教材，具有很强的互动性。丰富的媒体技术、移动互联网和智能学习终端，将新的能量注入数字教材，使其具备了新的功能和应用。内容资源、终端设备、教学工具和服务平台高效整合，创造出更加真实的教学情境，让使用者主动有效地学习成为可能。第三代数字教材融合了信息表现能力和交互特性[4]。这类教材可以支持在各种网络教学平台上便捷应用丰富的动态媒体和灵活的排版布局，有效支持在线协同学习和网络教学[5]。

目前，高校数字教材多属于第二代和第三代数字教材，其本质属性是教材产品，具有教育、技术和出版三重属性。结合上述研究，在本文中，高校数字教材是指利用信息技术呈现课程知识内容，依据教学活动和教学流程整合各类学习工具、学习交互要素，能够为用户提供个性化服务、用于课程教学的电子出版物。

（二）数字教材的特点

数字教材以上述定义为基础，其主要特点包括：

（1）内容呈现的多元方式。数字教材的界面由多种媒体元素构成，包括文字、图片、音频和视频等，可以为学生提供更丰富的学习体验，也可以为教师提供比传统教材更适合教学的内容呈现方式。

（2）具有交互性特征。数字教材通过各种在线交互工作，可以实现师生、生生互动，且不会受到时空限制。

（3）支持学生个性化学习。数字教材可根据学生的学习需求、兴趣爱好、素质水平等，自动调整学习路径和内容，并能持续全面更新学习内容；个性化推荐学习资源，设定学习目标，提供相应的学习方案，还可以在虚拟学习场景互动式、情景式学习，通过对学生学习数据和行为的分析，实现学生学习数据的个性化推荐。通常数字教材都配备有个性化的学习支持工具，如学习笔记、智能提醒、在线讨论平台等，可以帮助学生更好地对教材内容进行组织和管理，提高学习效率。学生还可在数字教材上对知识点进行标记，建立属于自己的知识库。数字教材通常具备题库系统，可以让学生根据学习情况进行自我测验。

（4）传播效率高。数字教材借助网络传播知识，传播范围广、速度快。随着科技的进步和数字技术的发展，数字教材的制作、发布和使用变得更加容易和便捷。新的技术手段和工具可以提高数字教材的制作质量和用户体验，从而促进数字教材广泛传播。

二、我国高校数字教材建设现状

信息技术的变革不仅影响了教学环境，还在悄然改变着人才培养模式。现在，种类繁多的电子化产品已成为人们获取知识的重要途径。人才培养模式的变革促使各大高校教材出版社开始布局数字教材。数字教材是数字时代教材的新类型与新形态，其研究与实验开始于 2000 年左右[6]。由于版权问题、技术设施不足、传统阅读习惯、政策不完善等，我国高校数字教材建设还处于摸索阶段。

近几年，在新型冠状病毒感染疫情背景下，以及在教育数字化战略、出版深度融合发展相关政策推动下，数字教材迎来快速发展期，各大出版社主动适应融合发展趋势，高校数字教材建设工作已经初有成效。

部分出版社已建立了自己的数字教材平台，且平台功能完备。中国人民大学出版社依靠其"人大芸窗"，为读者提供了一个与传统教学相互衔接的、可扩展的智能化数字教学平台。人民邮电出版社依托其"青蓝数字教材云平台"已打造了多本数字教材，能够支持完整教学过程，支持多元泛在学习，实现智能学习跃迁。高等教育出版社依托其"数字高教"平台实现了对其数字化产品和在线服务内容的采集汇聚和集中展示。

一些出版社的数字教材建设，依靠的是与第三方平台的合作模式。例如，电子工业出版社、华中科技大学出版社、石油工业出版社等 30 多家出版社与智慧教育云平台服务商——蓝墨合作出版数字教材。蓝墨是国内较早为高校数字出版提供整体解决方案的科技公司，业务内容为提供跨平台的交互式电子书云数字出版平台和高校数字出版的移动阅读终端。蓝墨提供从数字化教材标准、规划、建设、管理、出版、发行、学习、教学应用等各个环节的作业全流程服务。

本文对上述提及的"数字高教""青蓝数字教材云平台""蓝墨"平台上上架的数字教材进行了数据统计，截至 2023 年年底，结果如表 1 所示。

表 1　各平台数字教材的类别统计

平台名称	类别								
	本科/本	占比/%	高职/本	占比/%	中职/本	占比/%	其他/本	占比/%	合计/本
数字高教	14	36.84	24	63.16	–	–	–	–	38
青蓝数字教材云平台	4	13.8	25	86.2	–	–	–	–	29
蓝墨	379	40.49	448	47.86	100	10.69	9	0.96	936

由表 1 的统计数据可知，目前各大出版社所出版的高校数字教材的整体数量不多，说明该领域仍有很大的建设空间。通过对上述各出版社出版的高校数字教材的学校层次类别进行分析，我们发现各出版社所出版的高校数字教材以高职教材为主。这主要是因为职

业教育的实践性特点，决定了职业教育的教材更需具备实操性、过程性、互动性和体验性，而数字教材具备了以上特征，更能满足职业教育的教学需要及其学生的学习需求。此外，通过对各个平台调研，我们发现，不论高校数字教材是基于哪个平台，基本上都对传统纸质内容进行富媒体资源设计、交互设计，通常可兼容多种移动智能终端设备，为学生提供了全新教材学习体验。例如，教师在电子教材上做批注，学生可看到批注；学生可根据自身学习需要在电子教材页面标注、做笔记和添加书签；教师可在平台上实现布置作业、组卷考试、统计分数；等等。

综上所述，数字化教材的建设是全流程数字化建设，从编辑加工、内容审核、出版发行到教学使用、平台支持等各个环节都需要数字化的建设和设计。因此，数字化教材的建设是全流程的数字化建设工程，是教学数字化的改造工程，能够实现优质教育资源共享，是数字化教材建设的基础。

三、高校数字教材出版的困境分析

关于数字教材出版存在的问题，学者已经做了较多的研究。例如，毛芳和李正福认为，目前数字教材出版还存在数字标识不确定、出版资质不明确、发行管理欠规范、技术标准不规范、配套法规待完善等问题[7]；陈磊认为，出版领域和教育两领域对数字教材的范围认识存在差异、数字教材标准整体布局依然存在若干问题[8]；姚彬蓉认为，数字教材研发过程缺乏统一标准，且数字教材功能的信息传递方式过于跳跃[9]；等等。我们从已有的研究文献中可以发现，在教育数字化转型的背景下，尽管各大高校和出版机构在教育数字化转型中积极参与，加速信息化基础设施建设，并在教学及出版领域广泛应用信息技术以促进数字教材的发展和普及，但数字教材的推广仍然面临挑战。

（一）数字版权保护难度大

随着大数据技术的不断发展，虽然人们获取资源的方式更加便捷，但是也存在着大量的网络侵权行为。数字教材容易被非法复制和传播，可能会严重侵害教材作者和出版方的合法权益，造成版权保护难题。2023 年 4 月 18 日，北京互联网法院发布了《数字教育著作权案件审判情况白皮书》，对该院近四年审理的数字教育著作权案件的裁判思路、典型案例进行了梳理归纳（见表 2）。白皮书数据显示，2018 年 9 月至 2022 年 12 月，该院共处理数字教育著作权争议案件 2 700 余件。分析发现其呈现出类型化、批量化特征，这些案件的起诉主体主要有出版社、教育培训机构以及教师。

表 2　北京互联网法院梳理的典型数字版权纠纷

案例	归属著作权的主体	类型	关键要点
案例一	教师个人	口述作品	教师授课产生的口述作品归属于教师个人
案例二	制作者个人或公司	视听作品	具有独创性的美睫操作视频属于著作权法规定的视听作品

表2(续)

案例	归属著作权的主体	类型	关键要点
案例三	著作权人	录像制品	客观机械录制类数字教育内容可作为录像制品受到保护
案例四	原始权利人及合作者	网络教育产品	分工合作在线提供他人教育产品构成共同侵权
案例五	原始权利人	图书	员工代表公司未经授权在线传播图书构成侵权
案例六	著作权人	美术作品	网络课堂教学中未经许可使用他人美术作品不构成合理使用
案例七	原始权利人	电子书	短视频汇集电子书主要内容属于合理使用,不构成侵权
案例八	著作权人	商品单价乘以获客数量	可依权利人商品单价乘以被告的获客数量裁量性确定实际损失数额

同时,高校数字教材出版工作面临着诸多压力。第一,网络侵权行为具有隐蔽性。网络资源众多,高校数字教材只能算作其中的"九牛一毛",因此网络的版权侵犯极具隐蔽性。第二,缺乏完善的数据信息平台。目前,出版机构尚未搭建完善的数据信息平台,技术支撑力度小,尚且不能有效识别网络侵权行为。第三,维权机制不完善。各出版机构目前尚未针对网络侵权行为制定全面、有针对性的维权机制,不能及时发现网络侵权行为并采取措施,从而导致高校数字教材的内容存在被盗版的风险[10]。

(二) 数字教材内容质量不高

数字教材的制作需要投入大量时间和精力,但教师资源有限,难以满足数字教材的大规模制作需求，数字资源还有待挖掘。目前，数字教材内容仍然存在着内容趋同、与技术结合不紧密的问题。在教育数字化的背景下，各出版机构纷纷想要抢占高校数字教材市场，从而加快了高校数字教材建设的步伐，不断加大投入开发出新的产品。但是，在这一过程中，各出版机构存在盲目跟风的情况，导致教材内容质量不高且教材内容趋同。一方面，存在各出版机构对数字教材的富媒体资源、图片资源等审核不够严格的情况，导致数字教材在文字、图片、音视频方面的错漏较多，进而导致数字教材的内容质量还不够高。另一方面，各出版机构都是在现有市场上进行简单的"复制、粘贴"操作，高校数字教材产品没有真正得到创新和优化，特别是在数字教材的建设流程方面，各大出版机构还存在互相借鉴或抄袭的情况，并没有真正优化数字教材的建设流程，导致数字教材内容趋同。

围绕数字出版全流程，我国建立起标准体系的雏形，并在行业实践中初步显现出成效，在数字出版标准化方面已取得一定成效。然而，作为数字出版产业的核心组成部分，数字教材相关基础定义尚需进行系统梳理。一些人认为，将纸质教材完全转换成电子形式就构成数字教材。一些人认为，将纸质教材与信息技术紧密结合起来，能够满足多终端打开且能实现互动的教材才能被称为数字教材。可以看出，数字教材的定义在不同人看来也有所不同。但是，我们从市场上数字教材的现状来看，数字教材与信息技术的结合不够紧密，尚未完全打破纸质载体内容的局限性，突破时间与空间的限制。

（三）数字教材建设标准不统一

随着技术的进步和教育的数字化发展趋势，数字教材的使用在教育领域变得越来越普遍。但是，目前数字教材的制定标准存在着差异。这意味着各个教育机构和教材提供商在开发数字教材时，可能采用不同的格式、内容结构和技术规范，导致教材之间的兼容性和比较性存在差异。数字教材缺乏统一的建设标准给教师和学生带来了一些困扰。

尤其需要指出的是，目前颁布的数字教材标准主要关注中小学阶段的教育[11]，而对于高校阶段的数字教材标准则相对较少或不存在，这一点也可以在表3所示的数字教材相关标准中得到印证。在"十四五"规划期内，教育部确立了基础标准体系以开发数字教材，但这些标准多为概括性描述，缺乏一致性，导致数字教材版本繁多混乱，相互兼容性差。高校教育和高校教材具有独特的特点和需求，需要更加专业化和高级化的数字教材标准来支持教师教学和学生学习。

表3　数字教材相关标准汇总

序号	标准编号	标准名称	涉及内容
1	GB/T33665-2017	《声像节目数字出版物技术要求及检测方法》	规定了声像节目数字出版物的基本技术要求、介质标准以及审查措施

表3(续)

序号	标准编号	标准名称	涉及内容
2	GB/T36347-2018	《信息技术—学习、教育和培训—学习资源通用包装》	制定了一种学习资源通用包装格式，以及涵盖了概念模型、信息模型、组成要素和基本要求的学习资源通用包装规则
3	GB/T41469-2022	《数字教材—中小学数字教材元数据》	规定了中小学数字教材整体元数据和内容对象元数据的构成要素与属性定义
4	GB/T41470-2022	《数字教材—中小学数字教材质量要求和检测方法》	规定了中小学数字教材的出版质量，检测方法、结论和报告要求
5	GB/T41471-2022	《数字教材—中小学数字教材出版基本流程》	规定了中小学数字教材出版的基本流程，步骤包括主题策划与验证、原型开发、编辑制作、质量检测以及最终产品发布
6	CY/T117-2015	《电子书内容平台服务基本功能》	指定了电子书内容平台运营时所需的基本功能要求，包括内容管理、交易处理、用户服务和安全措施
7	CY/T125-2015	《中小学数字教材加工规范》	规定了中小学数字教材的组成、功能要求、技术要求
8	CY/T133-2015	《电子图书版权信息检测方法》	规定了电子图书信息的检测流程和方法
9	CY/T143-2015	《数据库出版物质量检测方法》	规定了数据库出版物质量的检测维度和要求，包括检测原则、方法，以及检测指标和质量等级等内容
10	CY/T162-2017	《中小学电子课本内容与应用规范》	规定了中小学电子课本的构成、内容规范及应用要求

（四）对技术和平台的要求高

第一，技术更新和维护费用居高不下。数字教材需要持续更新，以适应新技术和操作系统的变化。随着科技的快速发展，新的硬件和软件不断出现，为了确保学生能够获得最佳的学习体验，教材的更新变得至关重要。首先，数字教材的更新包括服务器更新、安全更新等方面。随着云计算和网络技术的普及，很多数字教材都使用云服务器来存储和传输数据。这样做可以提供更强的可靠性和稳定性，但也带来了额外的成本。其次，数字教材的更新还需要确保新版本与之前的版本兼容。许多学生可能在使用旧版教材时遇到困扰，因为旧版可能不支持最新的操作系统或者缺少一些新功能。因此，数字教材的更新和维护成本较高。教育机构和出版机构需要投入大量资源来进行技术迭代和维护工作。这涉及软件开发人员、测试人员、服务器管理人员等多个角色的协同合作，以确保数字教材能够始终保持最新、高效和可靠。

第二，多设备兼容性问题是一个挑战。数字教材在当今的学习环境中发挥着极其重要的作用。为了确保广泛的使用和更强的适应性，数字教材需要面对多种设备的挑战，包括手机、平板电脑和笔记本电脑等。无论屏幕尺寸如何变化，都需要保证教材的可用性和可读性。此外，由于 iOS、Android 和 Windows 等操作系统之间存在差异，数字教材还必须适应不同的操作系统要求。这涉及软件和应用程序的开发，以确保教材能够在各种系统上流畅运行。

第三，安全性和隐私保护问题。随着我国教育信息化程度的不断加深，我国基础教育现代化的主要发展方向之一就是数字化教材。然而，在数字教材的构建和实际运用过程中，确保教材的内容安全和注重用户隐私保护已成为亟待研究解决的焦点问题[12]。数字教材的安全性对于防止信息泄露或盗用至关重要，因为它可能包含敏感信息。

（五）尚未形成可持续的商业模式

第一，教材价值和定价问题。教材定价是一个复杂的问题，需要考虑多个因素以及制定公平合理的策略。首先，出版机构应该评估教材的实际价值，包括内容质量、学术权威性和市场需求等方面。其次，成本也是一个重要考量因素。出版机构需要计算资源制作、编辑加工、营销等各项成本，并确保定价能够覆盖这些费用。再次，出版机构和第三方平台还应该考虑到教材更新、维护和支持等后续成本。最后，市场竞争会影响定价策略。出版机构应该研究市场上类似教材的价格，并努力确保自己的定价具有竞争力，能够吸引用户。这意味着出版机构可以根据不同的市场需求、地区和目标受众来设定不同的价格水平。

第二，市场竞争异常激烈。在激烈竞争的数字教材市场中，产品差异化战略是各出版机构赢得市场的杀手锏。为了在内容、体验和服务等方面脱颖而出，各出版机构投入较多的资源是不可避免的。众所周知，建立品牌影响力需要长时间的积累和持续的市场推广，这也需要相应的资金投入。通过提供独特且高质量的教育资源，以及创造优越的用户体验和卓越的客户服务，各出版机构可以吸引更多学生和教育机构的关注。然而，要实现这些目标，出版机构需要投入资金来开发创新教育内容，改进技术基础设施，并进行广告宣传和市场推广活动。出版机构只有通过不断地投资和市场推广，才能逐渐建立起品牌的影响力，并在竞争激烈的数字教材市场中取得成功。

四、高校数字教材出版的对策研究

（一）加强版权管理

第一，鼓励教师创作原创内容，可以减少对外部版权的依赖。教师之间可以进行资源共享和合作，互相分享教学材料，降低获取内容版权的成本。第二，采取技术手段确保教材内容的安全，防止非法下载或复制。如有必要，出版机构可寻求法律咨询以确保教材内容符合版权法规，防止侵权行为。第三，定期审查教材内容的合法性和质量，确保内容的时效性和合规性。出版机构应倾听用户反馈，不断改进教材内容，提升其质量和吸引力。

（二）提高教材内容质量

建议出版机构、院校和社会机构共同合作，借助教育主管部门的支持，加强数字教材的内容研发和平台建设。出版机构应组建包括课程专家、教学设计专家、作者、编辑团队和技术开发人员的数字教材研发团队，以纸质教材为基础进行一体化设计，并突出数字教材的核心特色[13]。在数字教材出版前，进行充分论证，结合市场需求和出版机构特色，打造既考虑市场需求又兼顾出版特色的优质教材；在数字教材出版过程中，充分发挥课程专家、作者、编辑团队等优势，群策群力，从教材形式、审核、编排等方面保证教材质量；在数字教材出版后，要充分收集读者意见，及时对文字、视频、音频中的错漏之处进行更正，并确保教材的可读性、易读性，全方位保证数字教材的质量。

（三）建设数字教材标准体系

建议加强数字教材标准化工作，通过全面调研市场需求，有序制定数字教材基础标准、产品标准、平台标准、管理标准等，以明确高校数字教材标准。

在制定标准时，应综合考虑出版机构、互联网企业、软件开发和网络技术企业需求，实现利益平衡。对数字化教材的格式、质量和版权等方面进行统一管理，以提升使用效率。

（四）技术与平台优化

数字教材不同于传统的纸质教材，其强调内容的更新和实时互动，因此数字教材的平台搭建就面临诸多问题，开发人员需要花费大量时间和精力来测试和调整数字教材，以确保其在各种环境下都能正常运行。首先，各出版机构在搭建数字教材平台时，就应该加大投入，在前期做好方案规划，多论证、多收集资料，确保遵循相关法规和隐私保护政策，确保数据的保密性、完整性和可用性，保证数字教材平台具有更好的扩展性和便利性。其次，在数字教材平台试运行期间，各出版机构需要及时发现并处理存在的问题，尽力确保在正式上线使用时，数字教材平台能够顺利运行，获得用户的好评。最后，在平台运行后期，各出版机构基于收集到的反馈意见和市场需求，制订下一个平台版本的计划，确定要实现的功能、修复的问题和改进的方面，为做好平台的版本迭代奠定基础。

从管理端、教师端、学生端三个层面，我们可以根据参与人数的不同，规范数字教材平台的管理，具体做法见表4。

表4　数字教材平台管理规范

用户端	功能
管理端	（1）定期对平台展开维护和更新，以确保各项功能正常运作； （2）上传内容实施多人监督和共同审核，以确保内容相关性和积极性； （3）接受并采纳用户意见，不断改进平台，提升用户体验
教师端	（1）遵循指示上传教学材料和资源，确保准确性和实用性； （2）留意学生学习进展，根据反馈调整并改进教学内容
学生端	（1）按要求使用平台各项功能，禁止违反平台规定； （2）及时关注课程任务，按时完成并提交，关注个人学习评价反馈

（五）建立可持续的商业模式

第一，订阅模式与内容更新。为了保持教材内容的新鲜和时效性，吸引用户持续订阅，建议出版机构提供灵活的订阅服务。用户可以选择按月或按学期订阅模式，以确保他们持续接收最新内容。这种订阅模式不仅为用户提供方便，还能为出版机构提供稳定的收入来源，从而支持出版机构不断更新和改进教材，以满足用户不断变化的需求。

第二，注重个性化和互动体验。为了吸引更多用户，出版机构可以和技术方合作，提供个性化学习路径和内容推荐，让读者可以根据兴趣和能力定制学习计划。此外，出版机构还可以增加互动式内容，如测验和互动模块，以提升用户的参与度和学习体验感，通过这些举措，为用户打造一个更有吸引力和个性化的学习平台。

第三，增值服务和额外功能。为了给用户提供更多价值，出版机构可以提供额外的服务，如在线辅导和模拟考试等。通过在线辅导，用户可以获得个性化的学习指导和解答疑惑的机会，提高他们的学习效果。模拟考试则可以帮助用户评估自己的学习进展，并对重要内容进行复习和强化。除此之外，出版机构还可以采用集成教学工具或学习资源，来扩展教材的功能性。这些工具和资源可以包括互动式教学视频、虚拟实验室、在线讨论社区等，以促进用户在不同层次上的理解和提升应用知识的能力。

第四，促进教师共享资源。为了增加教师对数字教材的认可和使用，出版机构和平台应提供一系列专门为教师设计的工具和资源。这些工具有助于教师更有效地运用数字教材进行教学，比如课件制作工具、在线评估平台和互动学习应用程序等。此外，鼓励教师共享他们自己创建的教学资源，以便扩大平台内容库并丰富教材内容。

参考文献

［1］吴永和，杨飞，熊莉莉. 电子课本的术语、特性和功能分析［J］. 现代教育技术，2013，23（4）：5-11.

［2］陈桄，龚朝花，黄荣怀. 电子教材：概念、功能与关键技术问题［J］. 开放教育研究，2012，18（2）：28-32.

［3］WOODY W D，DANIEL D B，BAKER C A. E-books or text-books：students prefer textbooks［J］. Computers & Education，2010，55（3）：945-948.

［4］罗生全，陈子丽. 数字教科书的演进历程与未来路向［J］. 课程・教材・教法，2021，41（4）：34-41.

［5］胡畔，王冬青，许骏，等. 数字教材的形态特征与功能模型［J］. 现代远程教育研究，2014（2）：93-98，106.

［6］王志刚，沙沙. 中小学数字教材：基础教育现代化的核心资源［J］. 课程・教材・教法，2019，39（7）：14-20.

［7］毛芳，李正福. 我国高等教育数字教材发展的现状、问题与对策［J］. 出版参考，2023（5）：11-16.

［8］陈磊. 数字教材标准发展现状、问题与对策［J］. 出版参考，2023（5）：17-19，10.

［9］姚彬蓉. 数字化转型时代数字教材的价值意蕴、现实挑战与优化路径［J］. 教育科学论坛，2023（35）：3-7.

［10］安玉雁. 大数据时代高校教材数字化出版的困境与变革
［J］.浙江树人大学学报（人文社会科学），2018，18（2）：89-92.

［11］针对中小学数字教材，中华人民共和国全国新闻出版标准
化技术委员会于2022年4月发布了《数字教材—中小学数字教材出
版基本流程》（GB/T 41471-2022）这一国家标准，这一国家标准于
2022年11月1日起开始实施。

［12］倪冬彬，潘雷莺，叶磊. 基于全生命周期的数字教材安全
管理机制研究［J］.教育传播与技术，2019（4）：30-33.

［13］曾斌，刘海溧. 我国数字教材建设与应用的路径探析
［J］.科技与出版，2023（2）：62-68.

旅游管理专业教育
数字化转型的探索与实践

——以乐山师范学院为例①

段　捷

（乐山师范学院旅游与地理科学学院）

摘要： 在我国当前开展的高校教育数字化转型实践中，国家和各级教育部门已针对性地出台了相关政策以推动高校教育数字化转型。尽管全国范围内的高校教育数字化转型取得了一定成效，但也面临诸如监管机制缺乏、激励机制薄弱及保障措施不足等问题。鉴于我国正处于高校教育数字化转型的初步探索阶段，为进一步探讨高校教育数字化转型的实施路径与启示，本文以乐山师范学院旅游管理专业的数字教学实践为例，分析该专业数字化转型的经验，旨在为加速推动我国高校教育的创新与变革提供参考。因此，本文提出以下几点建议：一是制定明确的高校教育数字化转型路线图；二是进一步强化数字化教学方法；三是加快数字基础设施的建设。

---

① 本文为 2021—2023 年四川省高等教育人才培养质量和教学改革项目（项目编号 JG2021-1243）、2021—2023 年四川省高等教育人才培养质量和教学改革项目"新时代旅游管理类专业高质量教材建设的研究与实践"（项目编号 JG2021-399）部分成果。

关键词：高校教育；数字化转型；数字教学实践

一、背景

互联网时代下数字化技术已经渗透到日常生活的每个角落，特别是在教育领域，这对传统的教与学方式造成了前所未有的冲击。从全球视角看，联合国教科文组织和其他国际机构已经启动了多项倡议，如在 2020 年 9 月，一项重要的全球倡议由联合国教科文组织、国际电信联盟和 UNICEF 共同启动，旨在通过"教育数字化转型"报告加强全球教育网络的互联性，以缩小教育领域的数字分裂，并通过数字工具促进学生的综合能力提升[1]。在同一时期，欧洲联盟推出"数字教育行动计划"，该计划旨在通过两大关键任务来加速教育的数字化进程，即发展一个高效能的数字教育生态系统以及增强数字技术的应用和转型教育能力[2]。上述举措旨在利用数字化技术弥合教育差距并提升全球学生的学习能力。

与此同时，发达国家纷纷制定先进的数字教育策略。2019 年 4 月，由英国教育部颁布的政策文件《认识科技在教育方面的潜力：为教育提供者和技术产业制定的战略》[3]，标志着英国对教育领域数字化改革的重大承诺。紧接着，2020 年 1 月，美国高等教育信息化协会发布《2020 年十大信息技术议题：向数字化转型》[4]，详细解释了促进教育数字化转型的十大重点，涉及整合数字资源、确保数据隐私和强调学生中心化等关键领域。

在我国，教育信息化建设促使高等教育的数字化转型成为一项紧迫的任务。自 21 世纪初起，中国高等教育系统在教学、研究和管理等方面已经融入了数字技术，标志着所谓的教育信息化 1.0 阶段的开始。到了 2018 年，随着教育信息化 2.0 阶段的启动，中国高等教育开始集中力量进行教育理念和模式的深刻变革，并推动以数字化为核心的创新发展生态系统的构建。2019 年中国将教育信息化发展定为国家的战略任务之一[5]。尽管中国高等教育已取得了一定的进展，如远程教学和在线资源的普及，但仍面临着一系列挑战，例如高校教师的数字化教学能力欠缺、数字化实践难以有效开展、学生数据应用思维有待提升、数据未得到全面采集和应用等[6][7][8]。简而言之，各高校迫切需要找到数字化转型的有效方法，以促进教育的创新和变革。

目前学术界对高等教育数字化转型的研究主要关注技术视角和模式视角两大板块。技术视角关注数字技术助力于教学活动、流程、能力和模式等教学变革，致力于通过数字技术的应用提升教学质量；模式视角研究认为高等教育数字化转型的本质在于教学模式变革。Benavides 等人指出，高等教育的数字化转型深刻影响了高校的文化、管理和教育活动等多个方面[9]。祝智庭等人则认为，这种转型是一次全面的教育革新，涵盖了教学模式、组织结构和评估方法等诸多领域[10]。而美国高等教育信息化协会对高等教育数字化转型给出定义："这一过程旨在创新教育和管理模式，提高高校的运营效率、战略定位和价值，通过深度整合文化、人力和技术的改变得以实现。"

本文认为，高等教育的数字化转型主要从宏观和微观两个层面开展。宏观层面，转型目标是全面改革高等教育体系，建立高质量数字化教育系统。微观层面则聚焦于数字技术在教育机构中的应用，目的是通过技术融入改进教学、管理和研究。本研究着重于微观层面，旨在探索高等教育机构如何利用数字技术创新其教育理念、模式、实践、环境和管理体系。

乐山师范学院旅游管理专业 2008 年获批四川省特色专业，2013 年获批教育部"本科教学工程"地方高校第一批本科专业，2019 年被认定为四川省一流本科专业建设点，2022 年获批国家级一流本科专业建设点。旅游管理专业数字化建设起步较早，以省级旅游管理实验教学示范中心为依托，适应现代信息技术的发展，2018 年建成了旅游虚拟仿真实验教学平台。旅游虚拟仿真实验教学平台的建成，加速了学校旅游管理专业教育数字化转型发展。

二、高校教育数字化转型的动因

高校教育数字化转型的动因主要包括国家战略的引导、数字技术的快速发展，以及对教育内生发展的需求。随着科技革命和产业变革的加速以及新一代学生特征的变化，高校教育需适应这些变化。具体来说，高校教育将通过采纳和应用新的数字技术，来推进教育内容、教学模式和管理方式的创新与改进，旨在培养能够适应未来社会的高质量人才。

（一）国家战略引领高校教育数字化转型

新一轮科技革命和产业变革促使全国加强科研和创新体系，推进经济结构转型。政策文件支撑下的战略体系是驱动基础教育数字化转型的关键[11]。2021年，"数字中国"成为国家战略部署的重要组成部分。同年，中共四川省委教育工作委员会、四川省教育厅发布《四川省"十四五"教育发展规划》。钱小龙等人基于"十四五"期间基础教育数字化转型政策，对原始政策文本采用扎根理论进行开放性编码，得出"教技融合、研技融合、空间融合、创新技术应用、5G、互联网、人工智能、大数据、教师数字素养、学生数字素养、管理者数字素养、"互联网+教育"平台、"三个课堂"平台、教育云平台、大数据平台、网络学习空间、人工智能教育、编程教育"等关键词，直观呈现各级政策的异同[12]，这为后续相关政策的制定和实施提供具体、科学、可行的参考。在创新型人才驱动和数字文旅市场带动下，文旅行业对高校专业人才要求不断提高，地方高校旅游管理本科专业人才培养的数字化转型迫在眉睫。乐山师范学院旅游管理专业积极响应国家战略，通过数字化转型促进教育和研究的创新。

（二）数字技术驱动高校教育数字化转型

第四次工业革命时代的数字技术创新影响教育变革，为高等教育提供新的发展方向[13]。高校教育利用虚拟现实（virtual reality，VR）、增强现实（augmented reality，AR）、混合现实（mixed reality，MR）技术提升教育质量和管理效率[14]，例如打破传统教室的边界，实现物理空间与虚体空间的实时链接。此外，数字化技术的应用还推动了教育决策、教育管理、教育服务、教育资源等教育体系内部的变革，达到最优配置的效果。由此可见，数字技术是推动高校教育数字化转型的基础。构建高等教育新生态需重视数字技术赋能"教、学、管、评、研"等各项活动，更好地发挥数字技术对高校教育改革的驱动作用。

（三）内生发展带动高校教育数字化转型

学生特征和学习需求的变化要求高等教育机构进行数字化转型以适应新一代学生的特性。新时代学习者具有不同的认知方式和学习偏好，排斥传统集中授课方式而倾向于灵活的、主动式的学习方式[15]。因此，提供适应学生认知特征的学习环境和教学方式，更利于达到教学目标。社会对劳动力的新要求推动高等教育更新教育内容和教学模式，助力于学生面对未来挑战。另外，新型冠状病毒感染疫情加速了高等教育向数字化、智能化转型的步伐。综上所述，高等教育的内生发展需求拉动了教育体系的数字化转型。

三、数字化转型实践

数字化转型在高等教育领域表现为一个综合性系统工程。其核心内容涵盖了教育观念的更新、教学模式的重构、教学策略的转变以及教学基础设施的发展等多方面的工作。这一转型不仅要求教育系统改变教学方法，还要求对教育的基本理念和模式进行根本性的更新。

（一）依托在线教育平台开发数字实践教学课程

公共政策和战略为高等教育数字化转型提供了基本框架和指导方向。因此，为了有效推进此转型，至关重要的一步是将其整合进国家和高等教育的广泛政策框架之中。在此背景下，高等教育系统实施了一系列措施，这些措施涵盖从国家级目标设定、教育监管到资金支持，旨在确保所有相关利益方都能理解及从数字化转型中受益。乐山师范学院深入理解高校教育各个层面数字化的背景、目标及方法，探索创建在线教育平台。该平台致力于为数字化教学提供个性化方案，开发数字实践教学课程，其最终目的是促使高校数字化教学成功转型。

乐山师范学院近期发起了一项"线上线下混合方式和教学资源利用"的数字教学实践。以乐山师范学院旅游管理专业数字教学实践"数据赋能'疗休养'旅游线路设计"任务为例（见图1）。在此教学过程中，结合线上学习和线下混合教学方法，利用数字教学资源创建了一个旅游设计实训系统。该实训系统包含多个组成部分，包括课程平台、旅游产品图像、百度地图、App 助手及视频动画模型。学生基于该实训系统进行方案模拟。在本次数字化教学中，学生表现得非常活跃，积极利用移动技术进行现场测试和头脑风暴。这显著提高了学生的参与度，并有效帮助学生完成了学习任务。

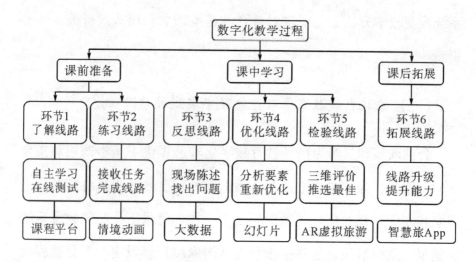

图1　数字赋能"疗休养"旅游线路设计

（二）构建跨学科教育数字化设施保障

中央政府为加强高校教育的数字化，采取措施提升国家网络基础设施。具体而言，这包括对信息通信技术基础设施的投资以扩展宽带覆盖和发展高性能网络。此外，政府引入了高校教育信息系统以提高管理效率，并建立了身份访问管理系统来加强数据访问的规范性。

乐山师范学院旅游管理专业通过系统规划数字化转型路径完善数字化设施保障，在建成旅游虚拟仿真实验教学平台（包括三个平台：虚拟仿真情景模拟教学平台、虚拟仿真软件模拟平台、数字化虚拟仿真三维教学平台）基础上，进一步构建了如"两体"（省在线平台、学习通）、"两库"（大数据库、教学资源库）、"两地"（智慧教室、3D 实验室）的立体化数字资源体系，持续推动高等教育数字化转型，实现了信息技术与学科专业的深度融合，有利于培养学生的创新精神和实践能力。

（三）探索高校教育专业建设和科研数字化

高等教育系统正在推进在线教学环境现代化，要求教师提升使用现代教育技术的能力，采用数字化教学行为以应对日益增长的数字化需求。乐山师范学院及其他院校已经启动了一系列旨在支持教学和研究数字化转型的项目，如开展新形态数字化教材建设，落实国家教育数字化战略行动。学校充分认识到在新时代背景下，教材建设和管理工作的数字化建设将有力推动高校教育数字化转型升级。2023 年，学校进一步推动学校教育数字化转型，打造适应时代要求的新形态数字化教材，学校联合北京智启蓝墨信息技术有限公司举办新形态数字教材建设培训会，进一步提升教师信息化素养，提高教师对数字教材的认识和开发能力，推动教师积极转变教育教学信息化观念，借助信息化手段，使用或出版一批新形态数字化教材，以数字化转型赋能学校高校教育高质量发展。旅游管理专业教师近两年来加强教材建设，突出"职业化、个性化、立体化"特点，主编并由西南财经大学出版社出版了多本专业基础理论与现代技术结合并有丰富案例的应用型教材，如《城市规划计算机辅助设计应用实训》《旅游规划与开发》《旅游规划导则与旅游规划案例》等，用于旅游管理专业教学。

又如，服务社会是高校教育三大职能之一。近年来，旅游管理专业教师承担了众多的服务地方项目，这些服务地方项目的成果又被转化为鲜活的教学案例。教师在课程教学过程中合理运用科研成果，使教学内容丰富多彩，开阔了学生视野，提升了学生专业素质与技能。教师们在服务社会科研工作中与相关项目单位合作，进行大量的调查研究，获得了大量地方经济、旅游、人口、交通、气候等方面的基础数据；同时通过项目成果建立了教学图件资料库，如"旅游资源图库"等。此外，学校引入了创新的教学方法，并扩大高校间的互动，这对改善学生的学习体验和进一步发展数字化教育管理服务起到了促进作用。目前旅游管理专业开始探索新增"智慧旅游管理方向建设与实践"，从"旅游+科技"视角，加强与人工智能学院合作，探索形成智慧旅游管理人才培养方法与路径，实现专业的进一步转型升级。

四、讨论与反思

（一）监管机制缺乏

中国高校教育正面临着数字化转型的初始阶段，挑战包括基础设施不足与缺少一个有效的监测体系。虽然数字化战略已经明确提出了监测系统的建设需求，但尚未建立一个明确、规范、完整且结果导向的监测管理框架和评价体系。这导致无法有效评估数字化战略的实施成果。此外，缺乏对参与主体和项目进展的实时监控，使得实时的项目评估和精准度量难以进行。因此，建议制订持续且系统的改进计划，以评估和提升高校教育数字化转型的效果和进度。

（二）激励机制薄弱

尽管国家数字化转型战略明确涉及高等教育，但当前激励机制不足，使得高等教育机构的参与度不高。存在的问题包括教师和学生对数字工具使用不足和数字素养较低。因此，高校教育的数字化发展需强化激励机制，以提升政府、教育机构以及师生间的协作和参与度；同时提高政策理解度和使用率，破除数字化转型的障碍，必要时应引入资金激励或进行立法、监管改革。

（三）保障措施不足

目前，中国在数字设备和技术方面的投资及融资仍与发达国家存在差距，高校教育数字化转型的进展因资源短缺受限，需要政府提供更多的资金支持。保障措施的完善是数字化成功的关键，建议制定详细的预算和提供充足的财政支持，以促进高校教育数字化转型的持续发展。

五、启示与建议

高校教育数字化转型展现了一个将国家战略、技术发展和教育需求结合起来的系统性转型过程。明确转型目标、科学规划行动路径，并适时进行战略监测评估，有助于高校实施全面的数字化转型，这为乐山师范学院教育的数字化转型提供了重要的启示。此外，乐山师范学院旅游管理专业在跨学科人才培养、数字化教学方法和加强数字基础设施建设等方面的实践，为其他高校提供了应对数字经济时代新要求的可行模式和方法。

（一）制定数字化转型路线图

高校教育数字化转型是一个持续演进的进程，该进程包含数字基础设施建设、教学模式改革、数字技术应用场景建设等内容，因此我国高校教育数字化转型要明确数字化转型路线。首先，明确数字化转型目标。高校可基于政府关于数字化转型相关政策，结合学校实际，制定 3~5 年的数字化战略。其次，制定科学的行动路径，需建立管理分配制度和运行机制、资金分配和资源分配制度，通过合理布局实现数字化资源优化配置。最后，适时的规划战略监测评估是必要的。高校应组织相关专家和部门，定期评估转型进程，调整优化策略，保证数字化转型的可持续性。

（二）开展数字化教学

面对技术对高校教育模式的冲击，首先，高校需提升师生数字素养，整合数字技能教育，提高师生数字应用能力。其次，高校应加强数字技术和教学活动的有效融合，探索实现虚拟世界和物理世界有效链接的路径。最后，高校应拓展教学空间，结合物理与数字空间，创新教学模式，打破传统课题教学时空壁垒。

（三）加强数字基础设施建设

2021年，教育部等六部门提出"推进教育新型基础设施建设，构建高质量教育支撑体系"的指导意见，该意见要求营造数字教育环境，改造教学空间，引入新型教学设备，于2025年形成高效、集约、安全、可靠的教育新型基础设施体系。数字化教学基础设施体系需重视空间和技术改造，形成立体多元的学习场所。此外，数字教育资源是数字教育新基建的重点方向。再者，构建智慧校园是数字校园的高端形态，应利用数字技术优化校园管理和服务。

六、总结

为应对全球科技革命和数字经济的快速增长，乐山师范学院积极应对高校教育的数字化改革。学校通过整合数字战略、跨学科方法、教学改革、智能校园建设和基础设施更新等，构建了一个涵盖人才培养、技术应用、管理机制和学习环境等要素的综合性数字教育生态系统。这为其他高校的教育数字化转型提供了有效的借鉴。

鉴于教育是社会系统的重要组成部分，高校教育数字化转型需要获得政府、学校、企业及研究机构等各方的共同支持和努力。未来的关键任务是构建一个互联互通、共同推进的数字化转型体系，创建高效的教育数字化生态系统，并推动人才培养模式的可持续发展。

参考文献

［1］GONTIJO C M. Literacy in UNESCO's fundamental education program ［J］. Educação e Pesquisa，2024，50：e265044.

［2］MACDONALD C J，BACKHAUS I，VANEZI E，et al. European Union digital education quality standard framework and companion evaluation toolkit ［J］. Open Learning：The Journal of Open，Distance and E-Learning，2024，39（1）：85-100.

［3］GRAINGER R，LIU Q，GLADMAN T. Learning technology in health professions education：realising an（un）imagined future ［J］. Medical Education，2024，58（1）：36-46.

［4］BAKER M. Digital transformation ［M］. Charleston：Createspace Independent Publishing Platform，2014.

［5］张伊桐. 面向 2035 的中国教育现代化：回眸与展望：基于 CiteSpace 的可视化分析 ［J］. 高教论坛，2023（1）：114-119.

［6］李铭，韩锡斌，李梦，等. 高等教育教学数字化转型的愿景、挑战与对策 ［J］. 中国电化教育，2022（7）：23-30.

［7］曾磊. 面向数据素养培养的初中数据探究学习活动设计与实践 ［D］. 无锡：江南大学，2023.

［8］胡姣，彭红超，祝智庭.教育数字化转型的现实困境与突破路径［J］.现代远程教育研究，2022，34（5）：72-81.

［9］BENAVIDES L M C，TAMAYO ARIAS J A，ARANGO SERNA M D，et al. Digital transformation in higher education institutions：a systematic literature review［J］. Sensors，2020，20（11）：3291.

［10］祝智庭，胡姣.教育数字化转型的实践逻辑与发展机遇［J］.电化教育研究，2022，43（1）：5-15.

［11］薛二勇，李健，黎兴成.推进中国教育数字化的战略与政策［J］.中国电化教育，2023（1）：25-32.

［12］钱小龙，朱家莹，黄蓓蓓.基于 PMC 指数模型的"十四五"基础教育数字化转型政策评价：以江浙沪地区为例［J］.远程教育杂志，2024（1）：50-60.

［13］王学男，杨颖东.技术力量与教育变革的作用机制及未来思考［J］.中国教育学刊，2021（11）：1-7.

［14］李静，刘蕾.技术赋能的高等教育规模化教育与个性化培养：逻辑必然与实践机理［J］.中国电化教育，2021（8）：55-62.

［15］KEENGWE J，GEORGINA D. Supporting digital natives to learn effectively with technology tools［J］. International Journal of Information and Communication Technology Education（IJICTE），2013，9（1）：51-59.

第三篇

人才培养篇

新经济背景下地方高校新商科数字化人才培养

——以内江师范学院为例

杨占锋 张 云

（内江师范学院经济与管理学院）

摘要： 随着以互联网、大数据、人工智能、云计算、区块链等为代表的现代信息技术的迅猛发展，数字经济已成为引领经济发展的强劲动力，破解数字化人才供给不足难题已成为数字经济对高校人才培养提出的现实诉求。针对高校目前存在的支持高等教育数字化育人理念尚未转变、创新高等教育数字化的教育教学模式不足以及支撑高等教育数字化的终身学习路径匮乏等问题，内江师范学院围绕培养什么样的数字化人才、如何培养数字化人才以及怎样探索数字化人才培养路径三个问题进行改革探索，通过做实前期调研，把脉企业对新商科人才的需求特点；通过校企业合作，培养数字化人才的实践应用能力；打造线上线下一流课程+仿真训练，全面提升数字化能力；通过课程思政教育，强化人才不断适应社会的意识构建；通过实践竞赛提升教育成效，培养行业内具备优质能力的人才；

做优学科融合，构建跨学科的课程结构和知识体系等具体改革举措，初步探索形成地方高校数字经济时代新商科数字化人才培养特色教育生态链，以期培养更多适应我国数字经济发展的高素质新商科数字化应用人才。

关键词：数字经济；数字化转型；人才培养

一、引言

大数据肇始于数字化、成长于网络化、应用于智能化，是互联网、物联网和信息系统综合发展的必然结果，已然成为经济生活各个领域的核心要素，争夺竞争优势的制高点。中国工业互联网研究院发布的《全球工业互联网创新发展报告（2022 年）》显示，数字技术已经渗透到中国 40 个重点行业，预测未来 10 年（从 2022 年 11 月算起），数字技术将渗透至中国所有行业和领域[1]。在数字化和互联网浪潮席卷全球的趋势下，通过人才驱动数字化成功转型的理念已经成为企业共识。然而，人才短缺已经成为制约数字经济发展的重要因素。一方面，数字化人才需求缺口持续放大。中国信息通信研究院 2021 年发布《数字经济就业影响研究报告》指出，2020 年我国数字化人才缺口将接近 1 100 万，其中，数字化管理人才、数字化应用人才、数字化技术人才等成为行业发展亟需的紧缺人才[2]。另一方面，数字化人才供需存在结构性失衡。2023 年 3 月人瑞人才联合德勤中国、社会科学文献出版社发布的《产业数字人才研究与发展报告（2023）》显示，数字化时代，企业与人才供需关系的主要表现特征是"结构性失衡"，而造成这种结构性失衡背后的主导因素是"人岗未能精准匹配"[3]。在此背景下，高校如何加速数字人才的供给与培养便成为数字经济发展背景下的重大挑战，与此同时，数智时代对数字技术人才的培养也提出了前所未有的高要求。

目前关于新经济背景下培养新商科数字化人才培养改革的研究相对偏少。赵慧广等（2020）认为，在大数据背景下的数字化人才要注重数字化思维上的培养，如整体性思维、容错思维、相关思维和智能思维[4]。顾春燕认为，大数据时代下，企业既要注重人才引进，又要注重人才队伍建设，人才引进方面要兼容并包，可以从国外引进，也可以进行人才回流，还可以多种方式运用人才，强调使用而不是拥有[5]。人才队伍建设方面，要构建人才生态圈，驱动员工自我管理，保持健康的人才流动。吴禀雅认为，数字经济人才的培育应从政府、企业、高校三个层面着手[6]。政府应在政策、财政、基础教育设施等层面加大力度，不断完善教育培训体系，提供更多更好的培养机会和途径。企业应注重为数字经济人才提供充足支撑资源和持续发展措施，营造积极宽松的氛围，鼓励人才的技能提升。谢昱认为高校首当其冲的是需要提升数字化职业人才的信息化素养，因此高校需要开设基础编程课，加强产学研融合，培养数字化职业人才的创造性思维和创作能力[7]。在培养商科数字化人才方面，王娟等认为，商科数字化人才的培养目标是复合型、本土型、国际型、实践型、创新型等"五型"人才，通过重组专业及专业群、探索政行企校协同育人新模式、开发多场景融合脚本式新课程、挖掘最领先数字化企业商业案例、利用人工智能等智慧化支撑的新技术五个方面的新途径培育商科数字化人才[8]。

在实践层面的报告分析中，全球电信领域领导者 Telco Systems 发布白皮书指出，新型冠状病毒感染疫情促使各组织将数字化转型从"积极执行"战略变为"急迫执行"战略。麦肯锡调研全球 800 名企业高管发现，85% 的企业已加快实现数字化对业务赋能转型。世界经济论坛（WEF）预测，到 2030 年，全世界将有 2.1 亿人因新一轮数字化、工业化、自动化、智能化和全球化变革而被迫更换工作。2020 年，我国数字经济规模达到 39.2 万亿元，数字产业化领域招聘岗位占总招聘数量的 32.6%，占总招聘人数的 24.2%；但数字化人才缺口接近 1 100 万，伴随全行业数字化推进，更广泛的数字化人才需求缺口依然在持续放大。

如何进一步挖掘经管类专业知识与数智技术间的内在联系，加快建立符合数字经济发展需要的创新人才培养新模式，并对专业课程体系进行交叉融合与数智化升级，已成为当前经管类专业教育亟待探索的关键问题。本研究尝试在对数字化人才培养的现实困境分析基础上，结合内江师范学院经济与管理学院现有基础，探寻地方高校新商科数字化人才存在的问题，并通过内江师范学院的实践探索具体揭示地方院校经管类专业数字化人才培养的相关路径与效果。

二、数字化人才培养的现实困境与改革基础

（一）我国劳动力市场人才供需矛盾非常突出

近年来，我国人口出生率已经连续呈现下降趋势，根据国家统计局数据，2021年年末，全年出生人口1 062万人，出生率为7.52‰，自然增长率为0.34‰，首次跌入1‰以下。2022年全年我国出生人口为956万人，人口出生率为6.77‰；全年死亡人口为1 041万人，人口死亡率为7.37‰；人口自然增长率为-0.60‰。我国人口增长模式属于"低低低"模式，也就是低出生率、低死亡率和低自然增长率，而且我国人口还出现了负增长，这是我国自1960年以来的61年后，再次出现了人口负增长。

在劳动力人口大幅度减少的背景下，我国依然存在着劳动力就业困难和企业找不到高素质人才的困境。2022年高校毕业生人数达1 076万，2023年全国大学毕业生人数统计有1 158万人，本科毕业人数约700万，其他均为高职院校毕业生；2023年研究生毕业人数约119万人，博士毕业生35万人，连续两年毕业生规模和增幅均创新高。国务院印发的《"十四五"就业促进规划》中指出："十四五"时期就业领域也出现了许多新变化、新趋势。人口结构与经济结构深度调整，劳动力供求两侧均出现较大变化，产业转型升级、技术进步对劳动者技能素质提出了更高要求，人才培养培训不适应市场需求的现象进一步加剧，"就业难"与"招工难"并存，结构

性就业矛盾更加突出，将成为就业领域主要矛盾。同时，人工智能、大数据等智能化技术加速应用，劳动力市场的就业替代效应显著体现出来，又进一步加剧了劳动力市场的供求矛盾。

（二）数字化人才需求缺口呈现不断扩大趋势

我国经济社会数字化变革步伐加快，倒逼各行业的数字化转型加速推进，数字化人才缺口将持续放大。《数字经济就业影响研究报告》显示，中国数字化人才缺口接近 1 100 万。其中，数字化管理人才、数字化应用人才、数字化技术人才等成为行业发展亟需的紧缺人才。人力资源和社会保障部向社会公布了新一批新职业，其中，"数据安全工程技术人员""数字化解决方案设计师""数据库运行管理员"等职业正是在数字经济发展中催生的数字职业。在劳动力市场，数字经济的发展对劳动者的知识结构、技术技能和综合素质都提出了全新的要求。在深入推进产业数字化和数字产业化过程中，急需一大批适应数字经济发展、具备数字化知识结构和数字化动手能力的人才。

当前，我国数字化人力资源结构呈现高技能劳动力不足、普通技能劳动力基数较大的金字塔型结构。具备较高数字化素养的技术技能人才缺口大，已经成为制约我国数字化产业发展的一大瓶颈。具体分析，数字化人才短缺的根本原因主要体现在供给和需求两个层面。一方面，数字化人才需求量大。随着数字经济的快速发展，大数据、人工智能、云计算、5G、区块链、物联网技术等新领域对数字化人才存在着巨大需求。根据《制造业人才发展规划指南》预计，到2025年，我国新一代信息技术产业、高档数控机床和机器人产业人才缺口分别为950万人和450万人。与此同时，传统产业数字化进程也在同步推进，新产业、新生态、新模式对数字化人才需求呈现出几何级数的增长态势，而数字化人才供给远远落后于需求增速，导致供给与需求之间矛盾愈加突出。另一方面，数字化人才供给不足。数字化人才是既要掌握扎实专业知识、业务素养和数字素养，又拥有一定的技术能力、产品能力、运营能力、协同能力和项目管理能力的复合型人才。由于数字化人才培养要求高、培养周期长，我国数字化的相关专业和课程普遍面临着开设时间短、专业基础相对薄弱等问题，高素质数字化人才培养供给还难以满足行业、企业主体的人才需求。

（三）改革基础

（1）内江师范学院经济与管理学院获建省级"新商科实验教学示范中心"，获首批省级新文科研究与改革实践项目"新商科教师工作坊探索与实践"、省级创新创业课程2门。

（2）内江师范学院经济与管理学院在各专业人才培养方案中增设大数据与统计学、商务智能等课程优化培养方案。

（3）内江师范学院经济与管理学院先后与金蝶、新道等公司开展校企协同育人，相继引入虚拟商业社会环境实践（VBSE）和数字营销沙盘等数字操作软件，并建有VBSE、ERP沙盘、智慧金融、创新创业、财商、旅游管理、会计核算、现代物流等 11 个实训室，有效提升学生专业水平与岗位应用能力。

（4）内江师范学院经济与管理学院与金蝶公司合作的"互联网+财务共享决策分析"实践教学课程体系方案研究、"互联网+电商"实践教学建设方案研究，以及与新道公司合作的基于用友"云财务"的财务共享中心 VBSE 实践课程体系构建研究等先后被列为教育部产学合作协同育人项目。

（5）内江师范学院经济与管理学院拥有一个自主研发实战创业电商平台——"乡镇天地"，建立起数字化乡村振兴电商平台。

三、地方高校新商科数字化人才培养存在的问题及解决思路

（一）存在的问题

1. 支持高等教育数字化的育人理念尚未转变

新时代下的高等教育应顺应数字化社会对人才培养的需要，充分利用数字技术的赋能作用，推动实现以人为本、公平、个性化、终身化的优质教育[9]。当前，高校已意识到数字化转型对高等教育的重要作用，但尚未实现从以往传统的育人理念向教育数字化转型的育人理念转变，主要表现在以下几个方面。一是重视技术投入，忽视人的发展。在技术主义的长期主导下，高校在数字化校园建设中常存在唯技术驱动、重建轻用、建用脱节等问题，主要表现为：将更多的经费投入学校数字化基础设施、设备、环境建设等方面，

对数字化紧缺和新兴交叉领域拔尖创新人才培养培训等投入占比相对较少[10]。二是重视单一技能提升，忽视复合能力培养。大模型内容生成式人工智能技术的发展，将对高等教育人才培养模式产生较大的影响，问题解决、创新、批判等能力的培养将成为未来人才培养的重点。当前，专业型人才仍是高校的主要培养目标，基于单一学科专业知识与技能掌握的培养模式，不利于培养适应数字化时代的具备技术复杂情境的问题解决、创新思维、批判性思维等高阶能力的复合型人才。三是重视规模化育人，忽视个性化教育。由于规模化教育的长期影响，统一的课程资源、教学模式以及评价标准难以适应个性化教育的需求，阻碍着数字时代个性化教育的实现。

2. 创新高等教育数字化的教育教学模式不足

目前，尽管信息技术催生了混合教学模式的出现，但随着数字技术的飞速发展，尤其是人工智能、元宇宙、虚拟现实技术、自适应学习系统、ChatGPT 等的开发与应用，对教育教学模式创新提出了新的挑战。目前高校教师已逐步有数字化创新教学模式的意识，但因数字素养不足，只是简单机械地将传统教学搬到数字化在线平台上，缺乏适切的在线教育教学模式，使得教学过程中频繁出现诸如学生参与度不高、师生互动困难、学生学习效果不佳等问题。与此同时，教师不能灵活运用数字技术创新教学模式，如面向人机协同、虚拟仿真等教学情境创建、活动设计、学业评价、学生情感参与、师生角色转换、协同育人等，这不利于学生解决问题及探究、合作、自主学习等能力的培养。

3. 支撑高等教育数字化的终身学习路径匮乏

数字技术为建设终身学习体系提供了新的发展路径，将推动学校、社会、家庭等与学生终身学习相关的学习场景融合。但目前支撑高等教育数字化的终身学习路径匮乏，主要表现为数字化支撑的终身学习理念尚未深化，支持终身学习的家校社协同机制尚未建立，平台、技术、数据之间的融通不畅给学习资源供给、学习支撑环境、个性化学习服务带来较大的阻力。在倡导数字化支撑的终身学习理念与构建终身学习场景的同时，还须研发数字化支撑的终身学习认证体系。目前，数字化支撑的终身学习认证体系尚未形成，如学历提升认证、职业资格认证等。

（二）拟解决的思路

新商科人才数字化能力培养是时代要求，是因应数字经济时代金融科技化、经济运营数字化、组织管理数字化、商业模式数字化的变革需要，目的是为新经济发展输出数字化综合型人才。因此，在改革过程中，高校要树立服务产业企业的办学理念，坚持以产业企业发展需求为导向，坚持邀请行业企业参与人才培养全过程，积极推动双方资源、人员、技术、管理、文化全方位融合，建立健全保障机制推动改革，循序渐进螺旋式提升改革效果与品质，确保学校培养的新商科数字化人才全面满足行业、企业的用人要求。

1. 解决培养什么样的数字化人才问题

培养什么人，是教育的首要问题。作为新文科的重要组成部分，探索在新经济时代如何建设新商科是商科教育工作者的重要使命。随着数字经济时代到来，行业间界限变得模糊，新职业、新岗位不断涌现，这对商科人才在知识上、能力上和素质上提出了新要求。知识上，更加注重基础知识和跨学科知识学习，强调知识学习、应用、创新一体化；能力上，广泛的沟通能力、新型的表达能力及数字化应用能力成为普遍需求；素质上，更加重视"立德树人"，更加关注健全人格、商业伦理、社会责任感和使命感、家国情怀的培养。这些新要求必然要求对传统商科教育进行彻底改造，重点解决人才培养目标问题。

2. 解决如何培养数字化人才的问题

目前，地方高校传统商科培养的毕业生不能完全满足产业结构调整、企业转型升级的要求，已成为人才培养最为突出的关键性缺陷。破解新商科人才供需脱节的关键是要素融合，其根本在于学校融入地方、企业深度参与教学。专业设置及布局是否与地方产业结合决定着学校能否融入地方，能否更加符合产业行业人才需求；企业深度参与，将有效提高地方高校培养人才满足企业职业岗位聘用要求，同时促进教学内容更新、实践教学的改革和学生实践能力的提高。因此，综合学校、企业和政府现有条件和合作基础，推进专业结构与产业结构融合、专业标准与职业要求融合、教学资源与产业资源融合、校园文化与企业文化融合、管理机制与企业市场融合，重点解决如何培养的问题。

3. 解决数字化人才培养路径探索的问题

探索以自身教育资源为基础，充分协同运用各种外部力量，构建学界业界协同、科研教学协同、学科交叉协同的"三协同"人才培养路径，通过参与主体理念互鉴、优势组合、资源融合，形成新的目标共同体、协作共同体、资源共同体和利益共同体，全面提升"新商科"数字化人才的育人水平和育人质量。

四、改革的具体措施

（一）做实前期调研，把脉企业对新商科人才的需求特点

在 2022 年对经管类专业人才培养方案进行修订过程中，内江师范学院经济与管理学院坚持以学生的全面发展为出发点和落脚点、以数字经济时代的需求为导向、以主动性学习为主要方式和手段、以实践应用为主要目标和标准，面向成渝地区双城经济圈数字化产业及企业对"新时代商科人才需求"设计调查问卷，实地开展新时代商科人才专业知识、能力和素质的要求及评价等方面的走访调查，深入把握并理解新经济背景下数字化人才培养特质，准确把脉新时代商科人才的需求特点，为 2022 版人才培养方案优化完善提供依据。

（二）通过校企业合作，培养数字化人才的实践应用能力

2022 年，内江师范学院经济与管理学院与多家企业联合修订了工商管理、电子商务、经济学、经济与金融四个专业的人才培养方案，与内江辖区商业银行、高新区孵化园及经开区等共同探讨开发学岗互通的课程及教学资源，优化由课程实践、综合实训、认知实习、跟岗实习和社会实践、科技创新活动等环节组成的实践教学内容体系，着重培养学生实践应用能力。目前，内江师范学院经济与管理学院正与字节跳动内容质量与用户体验平台（CQC）内江基地等电商企业合作，共同开发数字化人才培养课程，将最新的信息技术和业务模式融入课程中，让学生在学习过程中就能够接触实际工作场景和业务需求。

（三）打造线上线下一流课程+仿真训练，全面提升数字化能力

将思政教育、创新创业教育、实践教育、数智化教育贯通于本科培养全过程，成功申请认定省级线上线下一流课程 5 门、虚拟仿真课程 1 门，并通过智慧树、对分易等学习平台，自建课程、国家虚拟仿真实验教学课程共享平台，全面提升学生的数字化学习能力和数字素养。

（四）通过课程思政教育，强化人才不断适应社会的意识构建

一是落实立德树人：通过课程思政教育，强化落实立德树人创新人才培养内容进班级、进课程、进校园文化，全面实施"三全育

人"，以课程思政示范专业建设和课程思政示范课程建设为契机，鼓励专业老师开发课程思政教育案例并全面融入课程大纲中，通过班级文化与专业文化及职业素养建设活动营造环境与氛围，让学生树立新时代的人才观，树立学生不断学习数字化技术的职业素养。二是培养团队合作能力和沟通能力：通过课程思政教育，让学生了解团队合作和沟通的重要性，培养学生的团队合作能力和沟通能力，让学生更好地融入社会。

（五）通过实践竞赛提升教育成效，培养行业内具备优质能力的人才

通过整合学校和社会各类实践教育要素资源，探索构建了新商科校企合作"2331"实践竞赛教学体系。"2"即以培养学生数字化商业实践和数字化创新能力为中心；第一个"3"即围绕数字化资源，通过引企入校创建一个"实干、实践、实用"的实训平台，能让学生在校期间有更多的动手、实做、操作机会，从而使培养的学生成为具有动手能力、操作能力、灵活运用专业知识能力的复合型人才；第二个"3"即"三个型"，也就是培养具有数字化素养和能力的应用型、技能型、复合型人才；"1"即通过一流课程和学科竞赛这条线进行串联，打造"新商科"数字化经管人才实践教学闭环体系。

（六）做优学科融合，构建跨学科的课程结构和知识体系

开展实施交叉学科建设计划和学科交叉融合课程群建设计划，

将人才培养能力深度嵌入课程体系与教学方法，将信息科学与技术大量植入传统商科，在大数据基础之上开展传统商科课程建设并融合相长。坚持践行"职业标准对接课程标准"，探索开辟校企合作共建课程新模式，有效拓展课程教育教学新生态。新商科数字化人才培养体系如图1所示。

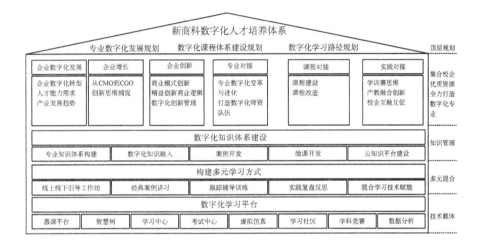

图1　新商科数字化人才培养体系

在顶层设计上，内江师范学院经济与管理学院以人才培养方案修订为契机，结合不同专业人才需求调研报告组织基层教学组织围绕专业、课程和学生学习三个方面制订专业数字化发展规划、数字化课程体系建设规划和数字化学习路径规划。同时依托慕课平台、智慧树等数字化教学平台，以省级一流课程建设为引导，借助大数据、人工智能等技术，积极推进专业课程知识资源数字化、网络化建设。此外，以各专业主流学科竞赛反推课程设置，搭建课程群实践实训实操和虚仿平台，促进学生有目的的从以课堂学习为主向多种学习方式转变，同时引导学生正确认识数智技术的应用及其带来的价值导向和思维转变。

五、改革成效与反思

伴随着新商科数字化人才多维协同培养模式的运行，内江师范学院经济与管理学院新商科数字化人才培养逐渐步入正轨。2021 年以来，经济与管理学院学生在各类学科竞赛中先后获国家级奖项近 20 项，省部级奖项近 100 项，尤其聚焦四川省大学生企业大数据智能决策大赛、四川省大学生 ERP 数智化企业沙盘模拟经营大赛等数智化应用竞赛成绩斐然。与此同时，经济与管理学院的人才培养质量得到大幅提升。2021—2023 年，经济管理学院毕业生一次就业率都稳定在 94%以上。专业教师获教育部产教合作协同育人项目 3 项、四川省高等教育人才培养质量和教学改革项目 3 项；《OBE 理念下基于产教融合的"三双四体"经管类应用型人才培养模式探索与实践》荣获 2021 年四川省高等教育教学成果奖二等奖。

虽然内江师范学院经济与管理学院新商科数字化人才培养探索与实践取得了初步成效，但在聚焦数字化师资队伍建设、数字化产教融合、数字化教学资源共建共享等方面还需进一步改进和完善。未来应围绕培养服务成渝地区双城经济圈建设等国家战略的数字化经管人才，进一步加强新商科数字化人才培养顶层设计，着力在经管类专业的数字化改造、专业教师数字素养提升、数字化教学资源建设上不断完善提升，以学科竞赛为纽带强化产教融合实践，为助力成渝地区双城经济圈乃至全国数智转型阶段数字经济发展输送更多优质的数字化人才。

参考文献

［1］中国工业互联网研究院．全球工业互联网创新发展报告（2022 年）［R/OL］．（2022-11-07）［2023-03-15］.http://www.163.com/dy/article/HT03EPP80552GTWL.html.

［2］中国信息通信研究院．数字经济就业影响研究报告［R/OL］.（2021-09-29）［2023-03-20］.https://m.gmw.con/baijia/2021-09/30/35204035.html.

［3］人瑞人才，德勤中国．产业数字人才研究与发展报告（2023）［M］．北京：社会科学文献出版社，2023.

［4］赵慧广，张丽巍，王华伟．大数据背景下数字化人才队伍建设途径研究［J］．中阿科技论坛（中英阿文），2020（4）：152-153.

［5］顾春燕．关于大数据时代企业数字化人才队伍建设的思考及探索［J］．经济师，2018（6）：256-257.

［6］吴禀雅．赋能数字经济的人才队伍建设模式探索［J］．科技视界，2020（12）：98-100.

［7］谢昱．全球数字化人才队伍建设趋势及对职业教育的启示

[J]．创新人才教育，2021（2）：82-86．

[8] 王娟，陈增明．"五型定位、五新路径"培养新商科数字化人才 [J]．山东商业职业技术学院学报，2021，21（6）：26-30．

[9] 袁振国．教育数字化转型：转什么，怎么转 [J]．华东师范大学学报，2023（3）：1-11．

[10] 徐晓飞，张策．我国高等教育数字化改革的要素与途径 [J]．中国高教研究，2022（7）：31-35．

旅游管理专业"政产学研用"五位一体协同育人生态系统构建[①]

李 娴[1] 黄 萍[2]

（1. 成都理工大学旅游与城乡规划学院

2. 成都信息工程大学管理学院）

摘要： 国家推进文旅融合战略，迫切需要地方高校加快新文科建设，培养适应文旅融合、产业联动的旅游管理专业复合应用型人才，而"政产学研用"五位一体协同攻坚成为关键途径。本文以成都理工大学为例，立足整合资源、共建共享的原则，以建设"大课堂"、搭建"大平台"、建好"大师资"为基础，从校地、校际、校企三大协同育人路径及线上金课、虚拟教研室、共建平台、共建基地、共建课程和成果转化等方面，构建起"政产学研用"五位一体协同育人生态系统，有力支撑地方高校高质量培养旅游管理专业复合应用型人才。

---

① 资助项目：四川省2021—2023年高等教育人才培养质量和教学改革项目"新文科背景下旅游管理类实践教学生态系统构建研究"（项目编号JG2021-744）及"三维融合、五位一体：地方高校旅游管理类专业复合应用型人才培养体系构建与实践"（JG2021-389）。

关键词：政产学研用；五位一体；协同育人；新文科；旅游管理

旅游管理专业是典型的多学科交叉专业，具有鲜明的行业性和很强的实践性，既需要培养具有家国情怀和高度社会责任感、有创新能力和创业思维的专业人才，也需要培养具有知识融合、能力复合的新文科型专业人才。特别是当前我国文旅产业发展进入了立足新发展阶段、贯彻新发展理念、构建新发展格局的关键时期，党的二十大报告专门强调要"坚持以文塑旅、以旅彰文，推进文化和旅游深度融合发展"，更加迫切需要地方高校充分调动整合社会力量和资源，积极创新多元主体协同育人机制。

一、旅游管理专业人才培养面临的现实挑战

我国旅游管理专业是随着社会经济发展需要而产生的新兴应用型专业，伴随着改革开放 40 多年中国旅游业的快速发展，全国有620 多所高校开办了旅游管理本科专业。但近五年，因面临学科评估、专业认证、专业排名等各类压力，一部分"985""211"高校相继停办了旅游管理本科专业。而三年新型冠状病毒感染疫情下我国旅游业出现的断崖式下滑现象，使旅游管理专业的社会认同度遭遇"滑铁卢"，不少地方高校出现学生大规模转专业、就业率下降等现实问题，面临是否继续兴办的两难选择。事实上，旅游学科专业

的发展与能否存在，主要取决于其是否为社会发展所需要，或者说取决于其是否响应、支持旅游业的发展[1]。一方面，旅游业作为国民经济战略性支柱产业，是拉动消费的主力军、传播文化的重要"使者"和增强民众幸福感的主要载体，在稳经济、促消费、调结构、惠民生等方面发挥着积极作用，是国家和地方长期支持和推动发展的重要产业；另一方面，随着中国现代化水平的提高，人民旅游消费需求进入刚性阶段，大众旅游真正的个性化需求时代已经全面到来，旅游经济复苏及与其他产业行业融合发展成为新常态，旅游产业规模之巨、覆盖面之广，这对高校如何响应需求、迎接挑战，加快复合应用型专业人才的培养提出了更多更高要求。

综合审视，目前地方高校坚持办好旅游管理专业、提高人才培养质量还面临着比较具体的挑战。

其一，专业课程学时数大幅减少，高质量专业人才培养难度增大。根据教育部旅游管理类专业教学质量国家标准，高校旅游管理专业总学分从普遍平均 170 分左右降到了 150 分左右，但是通识课程部分学分保持不变。显然，旅游管理专业人才培养方案中的专业课程学分学时被严重压缩了，特别是在专业课程中要求实践类学分不低于总学分 30% 的要求下，不仅实践教学学分相对量减少了，原来比较有限的专业课程教学量更是缩减，这对高校如何创建新型课程体系，实现一、二课堂衔接打通，形成"互融、互补、互动"的教学新模式、新空间、新资源，高质量完成人才的知识、能力、素质协同培养等一系列新问题带来了巨大挑战。

其二，高校教学资源依旧局限，复合型人才培养学科融合艰难。旅游业是与110多个行业产业相关联的综合性产业，因此高校应培养多学科交叉的复合型旅游管理专业人才。旅游管理的多学科交叉不仅与管理学、经济学、地理学、历史学、规划学、人类学、民族学、社会学、政治学等人文社会科学有着非常紧密的关联，而且也与信息技术学科、工程学、灾害学等自然与技术科学密切相关。但是仅靠单一一所高校的学科专业师资力量和课程体系，很难满足旅游管理专业交叉融合培养的新文科建设要求。同时，旅游管理专业是一个发展历史较短的新兴专业，面对旅游业从最初吃住行游购娱的小旅游转瞬变成了"旅游+""+旅游"的大旅游，教材的出版完全跟不上旅游业的发展变化，经典教材十分有限，即使依靠现有的有限教材，也很难培训养出适应层出不穷新业态发展的复合型创新人才，这对高校如何快速响应文旅产业科技变革对人才结构需求变化的调适能力和培养实效提出了全新挑战。

其三，高校与社会合作不够紧密，应用型人才培养资源整合困难。在旅游管理专业人才培养方案中，高校一般都设计安排了认知实习、课程实习、集中实习、毕业实习等实践教学环节，但由于开设旅游管理专业的学校大多属于多科性、综合性的高校，无法在校内形成一个闭环的专业实践环境，而要利用社会资源，校地、校际、校企间的整合又缺乏长效机制。多年来教育部倡导高校与企业双向产教融合、校企联合，这虽然为旅游管理专业学生提供了校内校外连通的政策环境，但客观上还存在理论与实际无缝衔接的"最后一公里"问题。要适应新时代旅游管理复合应用型人才培养需求，更好地做好课程体系的创新建设，迫切需要打破高校与政府、企业间的合作壁垒[2]。

二、协同育人生态系统构建的思考

成都理工大学于 1994 年依托地质学开始培养旅游规划方向硕士生和博士生，是全国最早依托跨学科开展协同育人培养的高校之一。旅游管理本科专业开办于 2000 年，2020 年被列入省级一流本科专业，2017 年、2021 年连续两届获四川省优秀教学成果奖一等奖；现有国家级精品视频公开课 1 门、国家级一流本科课程 1 门、省级一流本科课程 2 门、省级在线开放课程 2 门、省级课程思政示范课程 1 门。

在旅游管理专业本科人才培养过程中，成都理工大学坚持创建"政产学研用"五位一体协同机制，围绕"创新动能—科学研究—成果转化—育人育才"路径积极搭建平台，利用有组织的协同创新发挥地方政府、企业、高校各自的资源优势，实现整个系统的资源整合与再分配，有组织地进行产学研用，汇聚育人最大公约数，让有限的专业课堂教学与无限的社会实践相结合，让有限的教学资源与无限的社会资源相结合，全社会全过程全方位育人，构建起适合培养应用型人才的协同育人生态系统（见图 1）。该系统表明：高校具有广泛的知识储备和人才储备，同时在基础研究和科技创新上具备比较优势。政府可以为转化科技成果制定政策、搭建平台[3]。企业对市场需求敏感，同时具备较强的产品生产、制造、加工和营销能力。高校与高校的校际协同，能有效整合教学资源，建好"大师资"。高校与政府的校地协同，能有效服务地方需求，搭建"大平台"。高校与企业的校企协同，能有效推动产教融合，建设"大课堂"。校际、校地、校企的协同发展，不仅能将高校人才资源、知识资源、科技资源流向社会，同时也可以吸纳地方资源、企业力量进入育人全过程；不仅可以提高专业人才培养的质量，也可以服务社会，带动地方经济发展。

正是由于协同育人生态系统提升了学校服务地方实绩，成果突出，旅游管理教师党支部被评为四川省"先进基层党组织"、新时代四川省高校党组织"对标争先"计划样板支部培育单位。近年来成都理工大学重视合作交流，开展有组织的科研，对标国家战略需求培养才人。旅游管理目前已逐渐发展成为成都理工大学与地方经济发展联系最为紧密、最有代表性的专业之一，是学校"立足行业、融入地方"的特色专业。

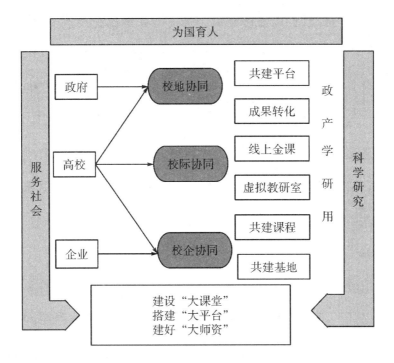

图1 "政产学研用" 五位一体协同育人生态系统

三、五位一体协同育人的创新路径

(一) 校际协同育人

1. 线上金课

课程是培养人才的核心要素,是培养人才的主阵地,在现代信息技术快速发展的今天,专业课程也需要科技赋能,积极推进线上课程建设与应用,可实现跨校际跨地域多校协同,大力推动课程建设、课堂教学革命。成都理工大学"旅游学概论"课程始建于2007年,2020年入选首批国家级线上线下混合式一流课程。旅游管理专业以该课程为标杆，以金课建设为抓手，目前已经建成了国家级-省级-校级多层次、线上-线下-混合式-虚拟仿真多类型 16 门系列金课，联合各大高校旅游管理专业老师出版了与金课建设相匹配的系列教材，编制了辅助教学的案例库。线上金课服务了成都理工大学、成都信息工程大学、成都银杏酒店管理学院、山西大同大学等高校的师生，实现了课程、教材、教法的协同优化，选课学生累计超过两万多人，扩大了金课的溢出效应。

2. 虚拟教研室

虚拟教研室和线上课程有异曲同工之处，在不影响各专业原有教研室格局，不打扰原有团队和成员的情况下，充分利用网络信息技术，由不同区域、不同高校、不同学科或专业教师动态组织，联合开展协同教学研究与改革实践，创新专业教研形态、加强专业教学研究、共建优质教学资源、提升教学技能。成都理工大学成功进入了教育部旅游管理专业国家虚拟教研室 TOP100 院校，该虚拟教研室通过"虚拟教研室 App"进行建设，目前成员数 243 人，建设有电子教材、教学视频、教研成果、教学大纲、教学课件、教学设计、作业习题等资源库。

（二）校地协同育人

1. 共建平台

建立高校与地方的合作通道，拟定高校与地方政府的战略合作方向和内容，在战略决策咨询与服务、科学研究与资源开发、科技创新与成果转化、教育教学与人才培养、人才交流与干部培训等方面进行长期、全面、深度的战略合作。完善协同机制体制，有效保障地方资源与高校资源的双向流动。近年来成都理工大学与西藏自治区旅游发展厅、雅安市、广元市、德阳市、宜宾市、凉山彝族自治州、阿坝藏族羌族自治州等地均签订了战略合作协议，为校地协同育人打下了基础，建设了平台。

2. 成果转化

以大学生科技立项为抓手，以解决地方实际问题为导向，以师生基础研究为途径，以校地合作科研项目为基础，为大学生课外竞赛实践调研建立绿色通道。把文章写在祖国大地上，培养学生专业历史使命感，利用理论知识和科研能手，帮助地方解决实际问题，增强学生的专业自信，提升学生专业学习热情和创新能力。2018—2022 年，人文社科类竞赛获奖项榜单显示，成都理工大学奖项数量增长迅速，远远高于国内同层次的地方理工院校，尤其是 2021—2022 年，奖项从 63 项提升到 154 项[4]。其中全国高校商业精英挑战赛会展专业创新创业实践竞赛，是学校首次参赛，获奖 6 项，获奖贡献率 3%，全部为旅游管理专业师生。其中一等奖作品"梨乡非遗DNA——四川苍溪县非物质文化遗产展厅策划方案"的选题就来源于四川省广元市苍溪县文化体育旅游局的地方横向科研项目"苍溪县非物质文化遗产展厅概念设计"（项目编号 BH2022-0025），作品的内容来源于该项目的基础研究。

（三）校企协同育人

1. 共建课程

根据旅游管理专业属性，结合企业特点，共建"三结合"课程。一是课堂教学与企业调研相结合。将旅游景区、博物馆、旅游策划公司等调研学习纳入校外实践，培养学生解决复杂问题的综合能力和高级思维，并提升学生的知识能力素质，体现课程的"高阶性"。二是企业实际问题研究与案例教学相结合。在课程中引入企业实际问题，将研究以及资料成果充分地运用到案例教学中，带领学生思考和解决实际问题，让教学内容和案例更具有时代性和真实性，培养学生对"真问题"的专业思考，体现课程的"创新性"。三是专业教师与行业导师相结合。将课堂带到企业，引入企业导师进入学校课堂，在课程设计中穿插企业导师讲解内容，将学校知识与市场需求充分结合，提高课程的"挑战度"[5]。华侨城欢乐谷集团就是成都理工大学"旅游景区经营与管理"课程的共建企业，我们不仅引进其工作人员成为企业导师，还开展"景区体验师"项目，让学生进入企业一线，发现实际问题，撰写小组专题报告，全面提升学生综合素质和能力。

2. 共建实践基地

建立实践基地试点，探索校企联合培养人才机制[6]。立足基地，以基地文旅经济发展为线索，以解决基地实际文旅问题为抓手，分类分级有机融入课程实习、认识实习、生产实习、毕业实习，以及课外实践，形成实践教学链条，打通实践连续性，优化完善实践教学培养大纲。引入企业导师，建立科创实践导师团队，建立实践教学组织管理体系；以培养学生实践能力为导向，以高质量完成实践教学内容为载体，以激发学生投身一线文旅建设和研究热情为目的，构建课内课外一体化实践基地体系（见图2）。目前成都理工大学旅游管理专业已经在成都、广元、德阳、雅安、凉山彝族自治州、上海、杭州等省内省外地区建立了星级酒店、旅游景区、规划公司等涉旅企业的多元实践基地。

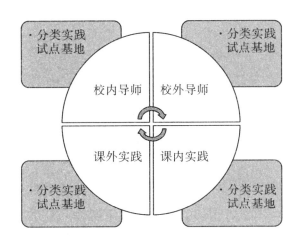

图2　课内课外一体化实践基地体系

四、结语

旅游管理专业是国家战略需求下应运而生的新兴专业，因其多科性、实践性等特殊性，需要高校实施"旅游+""+旅游"，主动对接协调全社会相关资源。"政产学研用"五位一体协同育人生态系统的构建，为培养出适应新时代文旅高质量复合应用型人才搭建新机制、创建新平台。

参考文献

[1] 吴必虎. 旅游是什么：评《旅游学纵横：学界五人对话录》[J]. 旅游学刊，2014，29（2）：121-124.

[2] 田里，隋普海，刘亮. 旅游管理专业本科课程体系认知与重构 [J]. 中国大学教学，2023，5：28-34.

[3] 赵春鱼. 普通高校大学生竞赛分析报告 [D]. 杭州：中国计量大学，2023.

[4] 姜萌，罗典文，赵翌博，等. 医院与药企开展合作，推进"产、学、研、用"一体化建设 [J]. 中国医药工业杂志，2023，54（4）：631-632.

[5] 黄萍，刘宇，何源，等. 基于工文交叉、产教融合的旅游信息化复合应用型人才培养体系构建 [M] // 蒋远胜，何凡. 新文科与财经高等教育改革. 成都：西南财经大学出版社，2022：157-166.

[6] 成鹏飞，王懿. 大学科技城政企学研协同创新三方演化博弈研究 [J]. 财经理论与实践，2019，40（4）：145-150.

数智时代金融人才培养改革探索与实践[①]

赵宸元　邱冬阳

（重庆理工大学经济金融学院）

摘要： 数智时代已然来临，金融数字化、智能化发展不仅是时代趋势，也是政策使然。当前金融人才的培养面临着金融专业技能培养不足、人才培养模式滞后于社会需求、教育教学资源急需跨部门高效整合的现实问题，数智时代金融领域所需的高素质人才供给严重不足。针对这些问题，重庆理工大学通过以社会需求为导向推动专业技能与实践能力的提升、以学生发展为目标建立前瞻性的人才培养模式、以创新为基础推动跨学科融合等路径，开展了以"1445"导师制为核心的"AI+金融"教学改革实验班探索与实践。实践结果表明，人才培养的改革突出了数智时代金融人才培养的适应性，在培养学生初步形成数智思维、扎实金融场景专业技能等方面的作用显著。

关键词： 数智时代；金融人才培养；教育改革与实践

---

① 支持项目：重庆理工大学 2022 年研究生课程思政示范课程（gzlsz202209）。

一、引言

以人工智能（artificial intelligence，AI）为引领的新一轮科技革命掀起了行业跨界融合的新浪潮，数智时代已然来临。党的二十大报告提出加快建设数字中国，2023 年中央金融工作会议也提出要做好"科技金融、绿色金融、普惠金融、养老金融、数字金融"五篇大文章，金融科技创新不断为产业变革注入新活力，金融数字化、智能化发展是时代趋势。2023 年教育部等五部门印发的《普通高等教育学科专业设置调整优化改革方案》中明确提出推进文科专业数字化改造，金融数字化、智能化发展也是政策使然。

数智时代对金融人才提出了更高的要求，导致当前金融领域所需的高素质人才供给严重不足。金融人才培养模式的探索与实践不仅有助于提高高等教育的质量和竞争力，而且具有重要的社会意义，能够促进我国金融行业的高质量发展，有利于把我国建设成为金融强国。高等教育金融人才的培养必须走出一条适应数智时代需求的新路径，从以往的经验来看，金融学学科每次与其他学科进行交叉都会迸发出新的活力。金融学与数学的交叉产生了数理金融学，金融学与心理学的交叉产生了金融心理学、行为金融学，金融学与法学的交叉产生了金融法学，金融学与工程的交叉产生了金融工程、互联网金融等，那么金融学与人工智能的交叉很可能产生"AI 金融"。经过广泛调研，许多高校已经开始依据自身专业建设条件和区域社会经济发展探索了不同的教育改革措施以适应数智时代对金融人才的需求，例如电子科技大学推出了"互联网+"复合型精英人才双学位培养计划；西南财经大学设置了智能金融与区块链金融专业；四川大学进行了"经济学+计算机"系列实验室建设；中央财经大学推出了金融科技专业等。

重庆理工大学自身具备理工学科的传统优势，且近年来金融类学科建设有了巨大进步。依照成渝地区双城经济圈建设、西部金融中心建设、西部陆海新通道建设等区域社会经济发展需求，重庆理工大学经济金融学院决定整合校内外教育资源，通过跨学院合作建设"AI+金融"教学改革实验班，立足重庆、服务西部，聚焦培养德智体美劳全面发展、具有家国情怀和国际化视野、具备"AI+金融"前沿创新与应用能力的卓越金融人才，取得了阶段性成果和经验。

二、数智时代对金融人才的新要求

数智时代，金融人才的培养目标和培养模式都需要积极变革，以适应金融行业与科技融合对人才的新要求，而如何有效培养出符合这些新需求的高素质人才是当前高校金融专业教育必须深入探索的现实问题。

（一）在专业知识方面要求跨学科交叉

首先，数智时代要求金融专业人才具备扎实的金融理论知识，包括金融市场、金融产品、风险管理等方面的知识；其次，金融专业人才需要具备较强的数据分析和计算机应用能力，能够熟练运用各种金融科技设备和工具进行数据分析和风险评估。

因此，数智时代的金融专业人才必须了解人工智能知识的发展及应用，熟悉和掌握 Python、机器学习原理及方法等计算机相关知识，能够将金融实务与人工智能技术有机结合，并在实践中得以整合和运用。此外，金融人才还应具备不断学习和掌握新技能的能力，具备良好的沟通和团队合作能力，能够与其他领域的专业人才进行有效的沟通和协作。

（二）在实践方面要求更好的实践能力

在数智时代，开展金融业务的实践过程和实践环境都发生了巨大的改变，这不仅要求金融人才具备扎实的专业理论知识，而且要求其具备较好的业务实践能力，能够了解金融市场的新模式、新产品、新服务和新业态，能够借助大数据分析、人工智能技术参与和改善金融业务的运营，能够灵活应对金融业务中的各种复杂情况。因此，传统的以理论知识学习为主的学习模式已经无法满足数智时代对人才的新要求，高校必须推进课堂教学与实际能力训练相结合、课程学习与案例分析相结合、学院师资与实践师资相结合、一般标准与培养单位特色相结合，使学生在实践中感悟金融知识，培养学生分析问题和解决问题的能力。

（三）在人才培养模式方面要求全面数智化转型

数智金融具有的高创新性、强渗透性、广覆盖性等特征决定了数智化人才应是具备信息技术、数字技能、多学科融合及高学习能力等的复合型人才，因此高校要不断创新人才培养模式，推动人才培养的全面数智化转型。首先，要求金融类专业课程的数智化转型。从学校、学生的实际情况出发，结合地方区域经济和企业数字化转型驱动数智人才新诉求，构建一套行之有效的数智金融人才课程教学体系，依托先进的教学平台和实训软件，强化课程资源库和教材建设。其次，要求金融人才实践的数智化转型。依据岗位能力要求打通专业课程壁垒，通过与企业共建课程打破校企壁垒，引入典型工作任务业务流程，融合创新多门课程教学内容，增强课程的协同能力和教学内容的实用性。再次，要求育人团队的数智化转型。数智金融人才的培养团队应由实务界精英、高校中金融专业和计算机专业的高水平教师作为主要成员，建设多元化的育人团队，实现从价值观、实践能力到专业技能系统化、全流程、高水平的培养。最后，要求交叉学科的专业建设。交叉学科是复合型人才培养的新平台，推动金融学和管理学、大数据、人工智能等学科的融合，重点培养数智化应用人才和数智化技术人才。

三、数智时代金融人才培养的现实问题

随着人工智能技术的快速发展，金融科技的不断创新，传统的

金融人才培养模式已经无法满足当前金融行业现实需求，主要体现在以下三个方面：

（一）金融专业技能培养不足

当前数智金融的快速发展要求金融人才具备高水平的专业技能，而目前传统教学模式下，学生的专业技能培养存在许多不足之处。

一方面，金融专业教学缺乏硬核技术支持。数字化、智能化给金融带来深刻的变革，计算机科学与技术成为解决金融发展中的问题的重要手段。但是，目前高等院校金融学教学远远落后于金融行业实际需求，导致学生缺乏大数据、云计算、区块链、机器学习等核心技术的训练，不利于学生的全面发展。

另一方面，计算机专业教学缺乏实际的金融应用场景。得益于场景需求的多样化和人工智能技术的快速迭代，人工智能应用场景驱动的趋势愈加明显。但是，目前高校的计算机专业从人才目标定位、专业课设置到教学内容方面均存在对学生的创新教育、实践能力的培养重视不足的问题，造成了传统金融理论与最新金融科技应用脱节的现实困境。这样不仅会造成单一学科就业瓶颈，而且不能满足金融科技蓬勃发展和经济高质量增长的需求。改革传统的计算机人才培养模式，培养适应现代经济市场需求的应用型计算机人才尤为关键。

（二）人才培养模式滞后于社会需求

数智金融的迅速发展要求人才培养模式与之保持同步。然而，目前一些高校的数智金融人才培养模式仍然滞后于实际社会需求，未能及时适应新兴技术和趋势的变化，以至于培养的学生"一毕业就失业"。因此高校需要探索满足行业前沿发展需求的人才培养模式，培养具备前瞻性思维和实践能力的人才。

（三）教育教学资源急需跨部门高效整合

数智金融的复杂性和多学科性要求跨学科整合教育资源。从学科建设角度而言，新文科的建设尤其需要打破传统学科壁垒，通过人文社科和自然科学"远缘交叉"，推动重大问题的解决。然而，当前多数高校存在教学资源孤立的问题，不同部门之间缺乏协同合作，计算机专业学科和金融学科创新不应该只是采取增设几门课程的方式进行"形式融合"。因此，高校需要建立跨学科的长效合作机制，整合教学资源，促进不同学科间的交流与合作，为学生提供全面的数智金融教育，培养他们的跨学科综合能力和团队协作能力。

四、数智时代金融人才培养的创新路径与实践

培养"AI+金融"的复合型、应用型人才是数智经济时代下我国高校和社会发展的共同诉求，也是高等教育质量建设成果的重要标志，这对高校金融人才的培养提出了新要求、新挑战，同时也提供了新的机遇。重庆理工大学经济金融学院致力于通过对金融专业学生金融大数据分析和应用能力的培养以及金融智能化技术的应用

探索，培养满足服务西部金融中心建设等社会需求的数智时代金融人才。经过广泛的调研和充分的理论推演，学院对原有的金融学国际教学改革实验班进行了针对性的升级和改造，建立了"AI+金融"教学改革实验班（以下简称"AI+金融"教改班），并进行了一系列数智人才培养改革实践，为培育具有前瞻创新能力和国际化视野的卓越金融人才奠定了基础。

（一）以社会需求为导向，推动专业技能与实践能力的提升

在数智金融快速发展的背景下，金融行业变革迅猛，对于金融专业学生来说，其仅仅掌握理论知识是不够的。培养数智金融人才需要以满足社会对人才的需求为出发点，通过课程变革带动培养方向变革，更加注重培养学生的专业技能，如数据分析、人工智能、数字营销等。学校可以通过与企业合作为学生提供实践机会，引入业界导师强化实践指导，使学生能够充分运用所学知识解决实际问题，从而增强实践能力。

重庆理工大学经济金融学院"AI+金融"教改班是为落实立德树人根本任务，顺应数字化、智能化的时代趋势，以金融学、计算机等学科为基础，以金融大数据分析与管理、算法交易为核心内容，培养兼备德智体美劳和前沿科学技术的高素质复合应用型人才的人才培养改革项目，培养目标更加明确；在压缩人才培养方案总学分数量的前提下，对传统金融学专业课程进行精简改造，增加更能突出 AI 特点的交叉学科课程（如表 1 所示），课程设置更具时代特色。

表 1　重庆理工大学"AI+金融"教改班设置的特色课程

课程名称	课程性质	学分
大学计算机（Python）	通识课程、必修	2
程序设计及实践（Python 语言版）	通识课程、选修	4
金融交易算法设计	专业基础、必修	2
金融科技	专业核心、必修	2
数据库技术	专业核心、必修	2.5
机器学习	专业核心、必修	2
金融大数据管理与可视化	专业方向课、必修	2
Financial office hours（外教）	专业方向课、必修	2
人工智能与金融	专业方向课、选修	1
金融数据挖掘技术	专业方向课、选修	2
数字经济学	专业方向课、选修	2
金融大数据分析	专业实践、必修	2
家庭财富管理与风险智能预警虚拟仿真实验	专业实践、必修	2
AI+金融综合实践	专业实践、必修	2
模拟证券智能交易	专业实践、必修	2

（二）以学生发展为目标，建立前瞻性的人才培养模式

传统的人才培养模式已经滞后于数智金融的快速发展，为了使学生更清晰地进行职业生涯规划以及拥有更好的职业发展前景，学校需要与行业密切合作，紧密关注数智金融发展的新趋势和需求，构建前瞻性的人才培养模式。这包括与企业合作开展教学改革项目、引入业界导师进行指导，以及设计跨学科的综合性课程，以培养同时具备创新思维和实践能力的数字金融人才。

为全面落实立德树人根本任务，更好落实"AI+金融"教改班本科人才培养方案，践行学校"身心同健、文理兼修、德才并进、知行合一"的人才培养理念，重庆理工大学经济金融学院"AI+金融"教改班在人才培养过程中实行"1447"导师制。基本框架为：聚焦"1"个目标，即聚焦培养德智体美劳全面发展、具有家国情怀和国际化视野、具备"AI+金融"前沿创新与应用能力的卓越金融人才；协同"4"维导师，即金融导师、AI导师、产业导师、发展导师联合指导；联动"4"类课堂，即强化第一课堂、活跃第二课堂、延展第三课堂、抢占第四课堂；抓好"7"大环节，即在生涯规划、课程学习、学科竞赛、社会实践、国际化培养、升学就业、综合发展等方面加强指导，助力学生成长成才（见图1）。

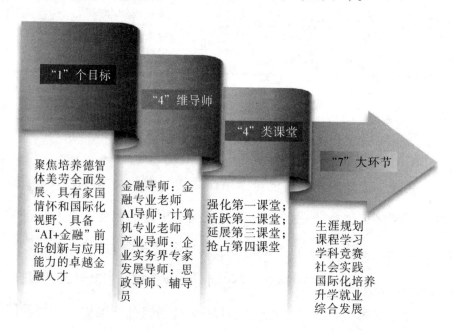

图1　重庆理工大学"AI+金融"教改班实行"1447"导师制情况

（三）以创新为基础，推动跨学科融合

数智时代的金融人才需要具备跨学科的综合素质，人才培养也需要跨学科融合。数字化、智能化金融领域涉及多个学科的知识，如金融学、计算机科学和统计学等。因此，人才培养模式应该强调不同学科之间的融合，打破传统学科壁垒，建设跨学科优质课程。同时，要破除保守主义，善于整合教育资源，探索跨学科、跨部门人才培养合作机制，积极与金融科技企业、金融监管机构等进行深入合作，建设学生实践基地，构建产学研合作长效机制，强化培养学生的跨学科思维和综合应用能力。

"AI+金融"教改班在运行的过程中，重庆理工大学经济金融学院与计算机科学与工程学院合作，通过成立管理委员会等组织管理方式，消除跨学院联合培养的行政壁垒，建立跨学院协同合作、跨专业人才培养的激励约束机制、风险收益机制、质量保障长效机制等。进行计算机和金融的联合教学，设置机器学习与金融学研究方法、数据结构与金融算法、金融大数据处理等交叉学科内容。从制度上突破双方学科各自存在的学科局限，形成优势互补，为提高学科竞争力提供保障。同时，积极与校外企业和相关机构展开合作，共同构建数字金融人才培养的联合实验室、实训基地和实践平台，为学生提供全方位的学习和实践机会（见图2）。

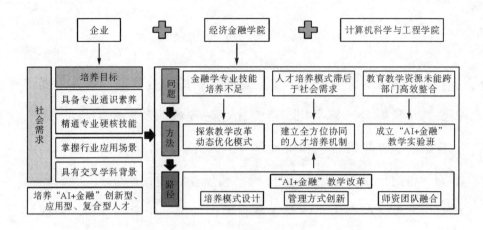

图 2　重庆理工大学"AI+金融"教改班跨部门、跨学科整合教育资源思路概况

五、结束语

数字化、智能化金融的飞速发展，给高校的人才培养提出了新的要求和挑战。高校必须紧跟时代步伐，依照社会行业需求主动应变、主动求变，加大金融专业人才培养模式的探索与改革力度，才能培养出符合数智时代金融行业需要的高素质复合型人才。重庆理工大学经济金融学院"AI+金融"教改班的建立，是在全面系统把握数智时代金融行业变革方向后在人才培养领域的具体改革实践。从首次招生的效果来看，吸引了大量非经济类专业学生的报考；从实践的结果来看，人才培养的改革突出了数智时代金融人才培养的适应性，在培养学生初步形成数智思维、扎实金融场景专业技能等方面效果显著，对于数智时代下金融人才培养和金融教学模式的创新具有深刻的指导意义。

参考文献

［1］郭昆，刘海艳，柴梦.地方高校数智经管人才培养面临的挑战与创新［J］.对外经贸，2022，339（9）：122-124.

［2］白丽娟，刘天森.数字经济下经管类拔尖创新人才培养模式研究［J］.现代商贸工业，2023，44（10）：105-107.

［3］孟兆娟，刘彦军.创新思维培育视阈下的高校课堂案例教学探究：以大学经济学课程的案例教学为例［J］.湖北第二师范学院学报，2019，271（12）：96-99.

［4］吴画斌，许庆瑞，陈政融.数字经济背景下创新人才培养模式及对策研究［J］.科技管理研究，2019，426（8）：116-121.

［5］袁娟.数字化转型背景下高校金融科技人才培养探究［J］.科技创业月刊，2021（8）：104.

［6］楚振宇.“互联网+”背景下金融人才培养和金融教学模式创新路径探索：评《互联网金融教学改革创新理论与实践》［J］.中国科技论文，2023，18（7）：823-824.

［7］孙开焕.基于“两性一度”的金融投资学“金课”建设探索［J］.产业与科技论坛，2021，20（15）：174-175.

［8］赵宸元.人工智能发展对劳动力就业双向影响研究［J］.合作经济与科技，2019（15）：120-121.

［9］张乖利.人工智能背景下金融人才培养模式改革路径研究

［J］. 中国高新科技, 2023 (20)：158-160.

［10］陈有为, 郭建峰, 李言. 数字金融背景下的金融工程人才培养的探索和实践：以西安邮电大学金融工程专业为例 ［J］. 纳税, 2019, 13 (32)：202, 205.

［11］SPADY W G. Outcome－based education：critical issues and answers ［M］. Arlington, VA：American Association of School Adminis-trators, 1994：1-10.

［12］SOLUK J, KAMMERLANDER N. Digital transformation in family－owned mittelstand firms：a dynamic capabilities perspective ［J］. European Journal of Information Systems, 2021, 6 (30)：676-711.

数智时代工商管理专业
人才培养模式改革研究

吴志兴

（凯里学院经济与管理学院）

摘要： 随着科技的快速发展，我们正逐渐进入一个以数据和智能化为特征的数智时代。数智时代对工商管理专业人才的要求发生了明显的变化，对传统的人才培养模式提出了新的挑战。本文旨在研究数智时代工商管理专业人才培养模式的改革，并提出相应的策略和措施来提升工商管理专业人才的就业竞争力，满足企业对人才的需求，提高人才培养的质量，为我国经济社会发展培养更多优秀的工商管理专业人才。

关键词： 数智时代；工商管理专业；人才培养；改革策略

一、研究背景

随着科技的快速发展，我们正逐渐进入一个以数据和智能化为特征的数智时代。在这个新的时代背景下，工商管理专业人才的培养面临着新的挑战和机遇。传统的工商管理教育模式已经无法满足数智时代对人才的需求，因此，我们需要重新审视和改革现有的人才培养模式，以适应新时代的需求。

数智时代对工商管理专业人才的要求发生了显著的变化。企业不再仅仅需要具备传统管理知识和技能的人才，而且需要具备扎实的现代企业管理理论基础，熟练掌握大数据分析、人工智能等新兴技术，并具备强烈的创新意识和创业精神的人才。在快速变化的市场环境中，工商管理专业人才需要具备灵活的思维和敏捷的决策能力，以迅速适应市场变化并应对挑战。

二、数智时代工商管理专业人才需求

（一）数智时代的背景和特点

数智时代的背景主要包括以下几个方面：

1. 数据爆炸式增长

随着互联网的普及和移动设备的普及，人类产生的数据量呈指数级增长。大数据时代的到来，使得数据成为了一种宝贵的资源，而对数据的处理和利用能力也成为企业在市场竞争中的重要优势。

2. 人工智能的崛起

随着人工智能技术的迅速发展，机器学习、深度学习、自然语言处理等功能使得机器能够模拟和学习人类的智能行为。人工智能技术的广泛应用，不仅提高了工作效率，而且为企业决策提供了更准确、更快速的支持。

3. 智能物联网的兴起

物联网的发展使得各种设备和传感器能够相互连接，并通过互联网进行数据交换和共享。智能物联网的应用在生活和工作中变得越来越普遍，为企业提供了更多的机会和挑战。

总的来说，根据数智时代的特点，企业需要具备对数据的处理和分析能力，以及对人工智能和物联网技术的应用能力，才能适应市场的需求并保持竞争力[1]。

(二) 数智时代对工商管理专业人才的需求

数智时代以数据和智能化为特征，给工商管理专业人才的培养带来了新的挑战和机遇。在这个时代，企业对工商管理专业人才的需求发生了显著变化。

1. 工商管理专业人才具备扎实的现代企业管理理论基础

随着科技的发展，管理理论也在不断更新和演进。工商管理专业人才需要了解并熟练运用最新的管理理论，如创新管理、数字化营销、数据驱动决策等，以在竞争激烈的市场环境中保持竞争优势。

2. 工商管理专业人才需要熟练掌握大数据分析和人工智能等新兴技术

在数智时代，数据成为企业决策和运营的重要依据。工商管理专业人才需要具备数据分析的能力，才能够从海量数据中提取有价值的信息，并基于这些信息进行决策和规划。此外，人工智能技术的应用也对工商管理专业人才提出了新的要求，他们需要了解并能够利用人工智能技术来提高企业的效率和竞争力[2]。

3. 工商管理专业人才需要具备强烈的创新意识和创业精神

工商管理专业人才需要具备敏锐的市场洞察力，并能够及时抓住市场机遇，推动企业创新和发展。同时，他们还需要具备创业精神，才能够面对风险和挑战，勇于探索新的商业模式和经营方式。

三、当前人才培养的问题与挑战

（一）教育模式陈旧，无法适应数智时代的需求

教育模式陈旧，无法适应数智时代的需求，是当前工商管理专业人才培养面临的一个重要问题。传统的"以老师为主"的教学方式，只注重"灌输""死记硬背"，忽视了学生的创造与动手能力的培养。但是，在信息技术快速发展的今天，新的管理理论、方法和技术不断涌现，要求工商管理专业的人才培养必须不断更新知识结构和改变教学方式，以适应时代的需求。

（二）课程设置过于理论化，与实践脱节

课程设置过于理论化，与实践脱节是当前工商管理专业人才培养面临的一个重要问题与挑战。传统的课程设置往往注重理论知识的传授，而忽视了实际操作的培养。这种理论化的课程设置使得学生在实际工作中面临困难和挑战时往往无法灵活运用所学知识。工

商管理专业人才培养需要学生具备一定的实践操作能力，例如市场调研、数据分析、团队协作等。但是由于缺乏实践教学的机会和平台，学生无法真正接触到实际的业务场景，无法锻炼和提升自己的实际操作能力。

（三）实践教学环节薄弱，学生缺乏实际操作经验

实践教学环节薄弱，学生缺乏实际操作经验是当前工商管理专业人才培养面临的一个重要问题和挑战。在传统的教育模式下，大部分教学内容仍然以理论课为主，对于实践环节的安排和设计相对较少，这导致学生在实际操作中缺乏经验和技能。在数智时代，企业对工商管理专业人才的实践技能有了更高的要求，他们要能灵活地使用各种管理工具和方法，来解决现实中出现的问题。

（四）数字技术冲击下的思政教育变革

在数字化时代，传统的思政教育方式已无法满足工商管理专业的需求。学生亟需学习如何运用数字技术来分析和解决商业问题，而不仅仅是理解政治理论。因此，教育者需重新审视如何将思政教育与数字技术相结合，以培养具备创新思维和全球视野的工商管理专业人才。随着企业数字化转型的推进，工商管理专业人才需要具备一定的数字化技能，如数据分析、人工智能等，以便更好地服务于企业的管理决策。

（五）多元协同能力的培养亟待加强

在数字化时代，工商管理专业人才需具备跨学科知识和协同工作的能力。然而，现行教育体系往往过于关注专业知识的传授，而忽略了交叉学科的研究与应用。这就要求我们要构造一个开放性和多样性的教学环境，以培养学生的协同工作能力。

（六）评价效果不佳亟待改进

传统的评价方式往往过于依赖考试成绩，而忽视了学生的实践能力和创新能力的培养。在数智时代，这种评价方式显然已无法满足需求。企业需要不断进行创新以适应市场的变化，工商管理专业人才的创新能力也因此变得尤为重要。我们需要建立一个更加全面的评价体系，以评估学生的综合素质和能力。

（七）人才培养模式的改革

面对数智时代的挑战，工商管理专业人才的培养模式也需要进行改革，如强化实践教学、引入数字化教学手段等，以改善人才培养的效果。

综上所述，面对数字经济时代的挑战，我们需对工商管理专业人才培养体系进行重构。这包括更新教学内容、强化跨学科学习、建立全面的评价体系以及加强创新能力培养等方面。只有这样，我们才能培养出既具备专业知识，又具备数字技能的复合型工商管理专业人才。

四、人才培养模式改革策略

（一）创新课程设置，增加数智时代所需的新兴技术课程

在数智时代，工商管理专业人才需要具备与新兴技术相结合的知识和能力，以适应快速发展的数字化和智能化趋势。因此，创新课程设置，增加数智时代所需的新兴技术课程，是改革工商管理专业人才培养模式的重要策略之一[3]。增加数智时代所需的新兴技术课程，可以为学生提供所需的知识、提高学生的相关能力，培养其创新意识和创业精神，促进跨学科的融合与交流。然而，课程内容的更新和教师队伍的培养也需要得到重视和支持[4]。

（二）改进教育模式，推动线上线下教育深度融合

随着数智时代的到来，传统的教育模式已经不能满足工商管理专业人才的培养需求。为了更好地适应数智时代的发展趋势，我们需要改进教育模式，推动线上线下教育深度融合，以提供更高质量的教学和学习体验。通过线上教育平台的建设和应用，以及线上线下教育的深度融合，我们可以为工商管理专业人才提供更好的教学和学习环境，培养出更具创新能力和实践能力的人才。同时，教师也需要不断提升自己的教学能力，以适应教育模式的改变和发展。这将为数智时代的工商管理专业人才培养提供更好的支持和保障。

（三）强化实践训练，建立校企联合培养机制

在数智时代，工商管理专业人才需要具备扎实的理论知识和丰富的实践经验。然而，当前的人才培养模式在实践训练方面存在一定的薄弱之处，学生缺乏实际操作经验。因此，为了满足数智时代对工商管理专业人才的需求，我们需要通过强化实践训练，建立校企联合培养机制[5]。强化实践训练，建立校企联合培养机制既是适应数智时代工商管理专业人才需求的重要举措，也可以提升学生解决问题的能力和创新思维，还可以促进学校与企业之间的良好合作关系，共同培养更多符合数智时代需求的工商管理专业人才。

（四）加强教师培训，提高教师队伍的素质和教学水平

随着数智时代的到来，工商管理专业人才的培养模式也需要相应地进行改革。其中，加强教师培训，提高教师队伍的素质和教学水平是非常重要的一项策略。教师是人才培养的关键，他们的专业素养和教学能力直接影响学生的学习效果和发展潜力。提升教师的学科知识、专业素养、教学方法和能力以及教育教学素养和沟通能力，能够让教师队伍的素质和教学水平得到有效提升，从而促进工商管理专业人才培养模式的改革与创新。

（五）注重学生个性化发展，提高学生综合素质

关注学生的兴趣爱好和特长，为学生提供多样化的课程选择和

实践平台，引导学生根据自己的兴趣和发展需求进行个性化学习，培养一批具有创造性、实践性的高素质人才。学校可针对学生的兴趣与特长，提供个性化的课程与选修课，让学生既能学到专业知识，又能学到更多的个性化知识与技能。除此之外，学校还应该重视学生的心理健康与个性发展，为他们提供必要的心理咨询与支持，帮助学生解决成长过程中遇到的困难和问题。同时，学校还应该提供丰富的课外活动和社团组织，让学生在课余时间充分发挥自己的特长和兴趣，提高自身的综合素质。

（六）建立有效的评价体系，科学评估学生的综合素质和能力

为了更全面、客观地评估学生的学习成果，我们需要改革传统的考试评价方式。我们应当建立一个以学生实际能力为核心的多元化评价体系，这个体系不仅包括考试成绩，还应该涵盖课堂表现、实践能力、团队协作等多方面的评价指标。这样的评价方式既可以更全面地反映学生的学习状况，也可以激励他们全面发展，提高他们的学习积极性和创新能力。此外，学校还应当建立健全评价反馈机制，及时向学生和家长反馈评价结果，帮助他们了解学生的学习状况和发展需求，从而更好地指导学生学习。

（七）加强创新创业教育，培养学生的创新思维和创业能力

数智时代的企业环境变化快速，工商管理专业人才需要具备强烈的创新意识和创业精神。在当今社会，创新创业能力也成为工商

管理人才必备的素质之一。为此，高校应鼓励大学生参加创新创业活动，为大学生提供创业辅导、资源支持等，以提高大学生的创新意识与创业能力。高校也可建立创新创业基金，资助大学生创业；组织创新创业比赛，评选出优秀的创业团队；构建创新创业导师制度，对学生进行一对一的创业指导，促进创新创业教育的实施。与此同时，学校还应当加强创新创业教育课程的开设和教学改革，将创新创业教育融入专业课程体系，培养学生的创新思维和创业能力。

五、预期效果与影响

（一）学生就业竞争力的提升

在数智时代，工商管理专业人才的就业竞争力面临着新的挑战和机遇。改革工商管理专业人才培养模式，提升学生的就业竞争力成为一个重要的目标。通过强化实践能力的培养、注重新兴技术的培养以及提升创新能力、培养创业精神，学生能更好地适应数智时代的就业需求，提高其在就业市场的竞争力。这将为学生创造更多的就业机会，并为其未来的职业发展打下坚实基础[6]。

（二）提高企业对高校人才培养的满意度

在数智时代，企业对高校人才培养的满意度有望得到显著提高。传统的工商管理专业人才培养模式往往存在与实际需求脱节的问题，无法满足企业对于新兴技术和创新能力的需求。而在数智时代，企业对于工商管理专业人才的期望更加高涨，希望能够招聘到具备现代企业管理理论基础、熟练掌握大数据分析和人工智能等新兴技术的人才。高校必须改革工商管理专业人才培养模式，使其与数智时代的需求相匹配，有效提高企业对高校人才培养的满意度。这不仅有助于提升学生的就业竞争力，也为企业提供了更多优秀的工商管理专业人才，促进了整体经济社会的发展。

（三）人才培养质量的整体提升

在数智时代，工商管理专业人才的培养质量对于企业和社会的发展至关重要。对工商管理专业的人才培养模式进行改革，可以提高学生的实践能力、创新能力和综合素质，从而持续提高人才培养的质量。这将对企业和社会的发展产生积极的影响，为经济社会发展提供更多优秀的工商管理专业人才。因此，我们应该积极推动人才培养模式的改革，以适应数智时代的需求。

六、未来研究方向

（一）数智时代工商管理专业人才培养模式与教育现代化的关系

随着数智时代的到来，工商管理专业人才的培养模式也需要与之相适应，以满足新时代的需求。而教育现代化则是实现这一目标的重要手段和支撑。数智时代工商管理专业人才培养模式与教育现代化之间存在着密切的关系。教育现代化为工商管理专业人才培养提供了更多的手段和机会，促进了工商管理专业人才培养模式的创新和改革。充分利用现代化的教育资源和技术手段，可以更好地培养出适应数智时代需求的优秀工商管理专业人才。

（二）智能化时代工商管理专业人才的终身学习与自我发展

在智能化时代，工商管理专业人才要能更好地适应社会的发展必须不断地学习，不断地提高自身的素质。智能化时代的工商管理专业人才不仅需要不断学习和更新知识，而且需要不断提升自身的技能和能力，更需要主动规划和管理自己的职业发展。学生只有不断学习和提升自身的技能和能力，才能适应市场的变化和挑战，实现个人职业发展的目标。因此，工商管理专业人才应该重视终身学习和自我发展，不断更新知识，提升能力，以应对智能化时代的需求和挑战。

参考文献

[1] 王宇，吴海龙，朱莉. 数字经济背景下工商管理专业人才培养模式研究 [J]. 教育教学论坛，2021（11）：50-53.

[2] 张瑞，李杰，李红. 数字化时代背景下工商管理专业人才培养模式创新研究 [J]. 科教导刊，2021（6）：18-20.

[3] 陈阳，王芳. 数字时代背景下工商管理专业人才培养模式

创新研究［J］. 教育探索，2021（2）：67-70.

　　［4］刘红，杨洋. 数字经济时代背景下工商管理专业人才培养模式改革研究［J］. 现代教育技术，2021（1）：78-81.

　　［5］赵博，张晓. 数字时代背景下工商管理专业人才培养模式改革研究［J］. 教育现代化，2020（12）：89-92.

　　［6］王霞，李伟. 数字化时代背景下工商管理专业人才培养模式创新研究［J］. 现代教育科技，2020（7）：45-48.

新农科、新文科交叉背景下农村区域发展专业应用型人才培养模式探究①

庞　娇

（四川轻化工大学经济学院）

摘要：为培养高质量的农村发展相关专业人才，形成新农科、新文科背景下更成熟的农村区域发展专业应用型人才培养模式，本文提出从明确应用型人才培养目标、适应社会需求，调整课程设置、优化教学体系，重视企业角色、加强校企合作，增强跨学科交流、推行"专兼型"教师制，加强就业指导、着力培养学生创新精神方面提升农村区域发展专业应用型人才培养质量，为农村区域发展专业人才培养模式探索提供参考。

关键词：农村区域发展；人才培养；新农科；新文科

农村区域发展专业属于"新农科、新文科"专业建设交叉领域，

---

①　基金项目：四川轻化工大学2023年校级教学改革研究项目"新农科、新文科交叉背景下农村区域发展专业应用型人才培养模式的探索与研究"；四川省高等教育人才培养质量和教学改革项目：新文科建设视阈下农村区域发展专业课程体系优化与教学内容改革的研究（编号：JG2021-1055）、四川省新农科研究与改革实践项目：基于学科融合的农村区域发展专业协同育人培养模式研究与实践（川教函〔2020〕471号-21）；第三批高校省级课程思政示范教学团队：农村区域发展课程群示范教学团队（编号：2022-47）。

是培育"三农"领域人才的重要渠道之一。近年来,学者们对农村区域发展专业的建设进行了大量研究。例如,杨尚钊等[1](2022)从转变教学管理人员观念、提高实践课程学分比例、凝练课程体系特色等方面探讨了农村区域发展专业课程体系的建设;谭智勇等[2](2021)、姚学林等[3](2019)对农学概论、农村社会学等具体课程的教学改革进行了分析。曾芳芳[4](2022)认为农村区域发展专业实践教学体系的建设应以培养应用型"三农"工作者为目标,重点建设校外实践教学基地。孟志兴等[5](2020)从健全实践教学内容体系、增加校内实践教学资源数量等方面探讨了该专业实践教学体系的建设路径。人才培养模式方面,学者们基于校地合作、新型职业农民培育等背景,对农村区域发展专业人才培养模式和路径进行了分析和探索[6][7][8],提出了"管理学+农学"双学位、农学学位辅修班、导师制、合作培养、订单式和联合培养等人才培养模式[9][10]。

分析农村区域发展专业建设及人才培养相关研究成果可知,大部分研究重点关注课程体系改革、实践教学研究和人才培养模式等方面,基于"新农科""新文科"交叉融合背景分析农村区域发展专业应用型人才培养模式的文献较少。因此,本文基于新农科、新文科交叉融合背景,在实践分析基础上,探讨农村区域发展专业应用型人才培养模式,为相关院校应用型人才培养提供参考。

一、农村区域发展专业应用型人才培养基本概况

（一）服务乡村振兴

农村区域发展专业以培养具备农村发展规划、建设、管理和组织等能力的高素质复合应用型人才为目的，高度贴合当前人才需求[11][12][13]。高素质的农业应用型人才包括技能型、生产经营型和社会服务型等类别，具备经济、管理、计算机和农学等专业学科知识，可以带动广大农民更好地理解政策，为农业农村发展带来新知识、新技术、新理念和新投资，带动农业生产向规模化、集约化、组织化和专业化方向发展。

（二）提高人才培养质量

应用型人才培养强调的是人才的"应用性"，即与社会需求相契合，以发展需求指导农村区域发展专业的人才培养[14][15]，坚持专业培养方案与实际市场需求相统一，使学生的专业知识和实践能力与职业需求相吻合，既有助于提高该专业的人才培养质量，又有利于促进学生顺利就业[16][17][18]。

二、农村区域发展专业应用型人才培养存在的问题

（一）人才培养与社会需求不匹配

目前，部分农村区域发展专业的人才培养存在与社会需求不匹配的问题。一是人才质量不完全匹配。部分课程所授理论和实践知识落后于农业生产现状，课程设置和知识更新没有紧跟农业农村发展步伐，学生所学知识在工作岗位上可能存在"无用"的情况。二是人才数量不匹配。当前，农村软硬件设施与城市差距仍然较大，农村工作环境相对比较艰苦，部分学生毕业后更向往城市工作，愿意长期从事该专业工作的学生占比较低，学生毕业后流入其他行业可能性较大，对口工作就业意愿低，较难满足农村发展的人才数量需求。

（二）实践课程配套不足

农村发展和建设人才既要有丰富的理论知识，也要具备一定的实践能力。目前相关专业课程部分为纯理论课，缺少配套实践课程，教学体系有待改进，有些学校即使有实践课程，也会因为经费限制、学校硬件设施缺乏和授课老师实践经验不足等因素难以充分发挥作用，较难通过实践课程达到锻炼学生实践能力的效果。

（三）产教融合不充分

企业具备较强的市场敏锐性和前瞻性，加强与企业的合作和交流，有利于培养出更符合市场需求的人才。涉农企业是农村区域发展专业学生的就业方向之一，但部分学校在该专业的建设上与企业的合作较少，少数学校和企业共建实践基地和平台只是挂牌实践基地，较少真正安排学生到企业实习或实践。企业在学校人才培养中的实际参与度比较低，产教融合不充分。

（四）跨学科交流频率较低、深度不够

一方面，农村区域发展专业是涉及经济学、管理学和农学等多学科的复合型专业，目标是培养既熟悉农业农村发展建设规律，又具备管理学、经济学、农学和城乡规划学等知识背景的高素质复合型应用人才。然而，部分地方院校交叉学科的教育资源有限，学生较难进行跨学科的选课学习，很难真正实现跨学科联合培养。另一方面，部分高校专业教师缺乏行业实践经验，所授知识偏理论，与实际情况差距较大。

（五）就业指导力度和创新引导力度不够

当前，部分高校存在重招生、轻就业的情况，缺乏对实际劳动市场需求状况的调研，就业信息掌握不充分，很难对学生进行具有实际效用的就业指导，导致学生毕业后就业、择业困难。将学生培养成为具备创新精神的新时代人才，是高校落实素质教育、培养复合型应用人才的重要体现，但在农村区域发展专业人才培养方案中，关于创新精神培养的课程和环节较少，对学生的创新引导不足。

三、新农科、新文科交叉背景下农村区域发展专业应用型人才培养模式的构建

（一）明确应用型人才培养目标，适应社会需求

新农科、新文科建设对应用型人才培养提出了新的要求，相关专业的人才培养进入了转型期，人才培养目标也应变革和更新。高校应建立与农村社会经济发展人才需求相匹配的人才培养体系，推动该专业人才培养与农业农村发展需求精准对接。实际操作中，高校应加强对就业单位的调研，了解用人单位对人才各方面素质的要求，根据要求动态调整培养方案，这样既能使人才培养适应社会需求，又有利于帮助学生在工作后更好地适应工作岗位。

（二）调整课程设置，优化教学体系

开设农村区域发展专业的院校，应在专业建设中充分考虑"应用性"和"时代性"，结合学校特色和优势，对课程设置进行调整更新。首先，高校要适当增加实践课程比例，尤其是实践性很强的规划类课程，应配套设置相应的实践课，让学生真正掌握实际操作。其次，农村区域发展专业的学生必须对农村有深入了解，在课程作

业安排、调研等培养环节，高校应鼓励学生深入当地农村，了解农业农村发展的实际情况，把课本知识运用到实际环境当中，把教学延伸到广阔的农村大地。

（三）重视企业角色，加强校企合作

涉农企业是农村区域发展专业学生的重要就业方向之一，学校在学生培养过程当中，应重视企业角色。学校通过与企业共同搭建实践教育平台，签订校企实践基地合作协议，以农业农村发展实际情况为实践教材，以学生为学习的主体进行实践教学。学校既可以组织学生到基地参观，开阔眼界，也可以让学生到基地实习，真正参与到项目运作中，了解农业农村发展的前沿技术和知识。企业应当和高校共同承担为社会培养人才的责任，使高校教育和企业就业体系形成良好可持续的互动关系。

（四）增强跨学科交流，推行"专兼型"教师制

农村区域发展专业涉及多学科领域知识，新农科、新文科建设要求培养复合型应用人才，这就需要增强学科间的交流。农村区域发展专业的学生应对基础农学知识有所掌握，包括农作物的种类、基础栽培和保鲜技术等，还应学习市场营销学知识，懂得如何在互联网时代进行农产品推广营销等。高校除了增加校内选修课程种类以外，还应运用好雨课堂、慕课等在线教育资源，扩大学生课程选择范围。此外，高质量的教师队伍是提升人才培养质量的关键，一

方面，学校应定期组织教师到相关企事业单位进行实践锻炼，使校内教师具备实际产业项目运营经验，以便更好地向学生传授知识；另一方面，学校可以聘请企业专家担任兼职教师，承担部分课程的教学任务，推行"专兼型"教师制。

（五）加强就业指导，着力培养学生创新精神

就业指导对学生树立正确的就业观、择业观具有重要意义。开设农村区域发展专业的高校，应对该专业的人才市场需求状况进行调研，了解市场需求实际情况，依据掌握的信息开展符合学生实际的就业指导教育；同时，还应加强学生的"三农"情怀教育，将知农爱农教育嵌入学科相关专业课程中。此外，创新精神的培养有利于激发学生的创造性，对学生个人和社会整体发展均具有重要意义。确定培养方案时，高校应考虑增加具有创新教育功能的课程或培养环节，鼓励学生参加"挑战杯"等创新创业比赛，营造有利于培养创新精神的校园环境和氛围，转变教育教学观念，培养创新型人才。

四、结语

将农村区域发展专业的学生培育为复合型应用人才，是满足现代农业农村发展人才需求及促进大学生就业的重要途径。新农科、新文科建设要求高校从培养目标、课程设置、校企合作和教师队伍建设等多方面做好相关工作，统筹相关资源，不断探索、实践，进

而完善和优化人才培养模式，推动农村区域发展专业建设。本文基于新农科、新文科交叉融合背景，在实践分析基础上，探讨农村区域发展专业应用型人才培养模式，为相关院校应用型人才培养提供参考。

参考文献

[1] 杨尚钊，张宏胜，田丹，等. 乡村振兴背景下农村区域发展专业课程体系研究 [J]. 广西农业机械化，2022 (4)：53-55.

[2] 谭智勇，谌潇雄，陈文俊，等. 铜仁学院农村区域发展专业"农学概论"课程教学改革探讨 [J]. 南方农业，2021，15 (10)：67-71.

[3] 姚学林，宋连久. 农村区域发展专业学生对《农村社会学》课程认知调查研究：以西藏农牧学院为例 [J]. 农村经济与科技，2019，30 (18)：266-268.

[4] 曾芳芳. 农村区域发展专业乡村实践教学体系建设研究 [J]. 现代农业研究，2022，28 (5)：83-85.

[5] 孟志兴，解晓悦. 乡村振兴背景下农村区域发展专业实践教学体系建设研究：以山西农业大学为例 [J]. 商业经济，2020 (7)：181-183.

[6] 龙俊江，尚惠芳，徐华勤，等. 农村区域发展专业"管理学+农学"双学位人才培养模式发展问题研究 [J]. 智库时代，2019 (37)：116，118.

[7] 刘月新，龙俊江，尚惠芳，等.农村区域发展专业"农学学位辅修班"人才培养模式研究 [J].当代教育实践与教学研究，2020 (2)：59-60.

[8] 曾芳芳，朱朝枝.独立学院农林类专业导师制人才培养模式研究：以农村区域发展专业为例 [J].广西教育，2015，923 (35)：98-99.

[9] 王云翠，陆建飞，郭文善.校地合作创新农村基层人才培养的探索：以扬州大学与张家港市合作培养农村区域发展专业人才为例 [J].江苏农业科学，2015，43 (10)：596-598.

[10] 王艳红，何凡，赵凯.基于新型职业农民培育的农村区域发展专业人才培养模式创新研究 [J].山西农经，2020 (21)：26-27.

[11] 洪培培.基于应用型人才培养的农村区域发展专业实验教学体系改革 [J].现代园艺，2022，45 (3)：174-175.

[12] 夏显力，陈哲，张慧利，等.农业高质量发展：数字赋能与实现路径 [J].中国农村经济，2019 (12)：2-15.

[13] 吕杰.新农科建设背景下地方农业高校教育改革探索 [J].高等农业教育，2019 (2)：3-8.

[14] 王秀华.新型职业农民教育管理探索 [J].管理世界，2012 (4)：179-180.

[15] 周斌.我国智慧农业的发展现状、问题及战略对策 [J].农业经济，2018 (1)：6-8.

［16］毛薇，王贤．数字乡村建设背景下的农村信息服务模式及策略研究［J］．情报科学，2019，37（11）：116-120．

［17］丁长琴．我国有机农业发展模式及理论探讨［J］．农业技术经济，2012（2）：122-128．

［18］曹冰雪，李瑾，冯献，等．我国智慧农业的发展现状、路径与对策建议［J］．农业现代化研究，2021，42（5）：785-794．

第四篇

教学教改篇

"数字生态–多元协同"的教学管理模式探索与实践[①]

张惠琴　张宇翔

（成都理工大学管理科学学院）

摘要：数字教育是数字中国的重要组成部分，我们应以数字化带动教育转型升级，支撑引领教育现代化。当前，传统的教学管理模式难以适应数智时代高等教育新形态。本研究旨在探索教学管理新范式，沿着"数字生态融合多源数据–多元主体交互协同育人–即时协商助推智能决策"的理论逻辑，聚焦"底座、数据、资源、场景"四个维度，基于大数据、人工智能和物联网技术对教学管理模式进行改革创新，取得了以下成果：构建教学管理数字生态链，重塑教学管理新场景；搭建多元主体协同育人体系，开展教学非线性过程管理；开发"理悦东风"小程序，实现教学管理即时协商模式。

关键词：数字生态；多元主体；协同育人；即时协商；教学管理

---

① 基金项目：成都理工大学研究生质量工程项目（2023YJG218）。

在信息化极速发展的外部环境和全新教学管理思路背景下，利用大数据技术来完成全面深入细致的教学管理是一个可见的趋势。通过大数据技术的支持，人们可以实现协商制的教学管理模式，向个性化教育提供必要的数据与决策支持。高等教育大众化进程使得高校教学管理面临三大挑战：一是学校办学自主权扩大，上级主管部门管理职能逐步下放，教学管理职能增多；二是难度增大，新时代经济社会对创新型人才的异质性需求，以及教育回归初心的内涵发展，使得教学管理越来越成为一个复杂多变的开放性系统；三是在线课程成为主流趋势，对在线教学管理范式提出新要求。以上三大挑战使得教学管理模式的改革创新成为一种迫切需求。教学管理的变革过程关系到师生的个体行为能力怎样与教学管理策略、结构体系及教学文化实现协同。传统的教学管理模式在管理主体上更多依赖于教务职能部门，有限的教务人员难以实现精准化管理；在管理的客体上更多倾向于调控教师，时常形成对立情绪；在管理手段上更多时候是亡羊补牢。

在信息化时代背景下，高校的教学管理模式也在不断更新和提升，传统的教学管理模式在某些方面已经不能适应高校发展的需求，为了全面提升高校教学管理的质量水平，势必要进行相应的改革和升级。"互联网+"时代，大数据技术为解决以上问题提供了新的突破口。随着信息技术改变了我们的生活方式、工作方式和思维方式，大数据技术为教师-学生-教学服务人员的协同工作创造了条件；同时，还能在既有数据资料的基础上实现教育资源优化配置，增强教学管理过程中的时效性、预警性、互动性等，强化教与学、管理监控与评价反馈之间的联系与规律，最大限度掌握整个教学过程以及教学管理的效果，为优化和提升学院教学管理以及未来改革方向和思路提供可参考的决策建议。

为克服传统教学管理模式构建的不足，基于大数据的多媒体教学资源得到了广泛的接受和应用（Bian，2018）。校园网络、各种内部应用和服务器、LMS 和其他终端用户设备等数字校园基础设施创建了大量数据（Jurva，2020），对海量数据进行挖掘和分析，有助于提升教学管理决策的科学性（Zhao，2022）。将人工智能融入教学管理，可以优化教学工具，提高教学效率，最终提高教学质量（Diao，2020）。为了使高等教育机构能够脱颖而出，许多国外的研究学者提出了很多在大数据背景下构建教学管理模式的解决方案。

大数据时代下的教学改革需要在传统的教学改革上有所突破，叶林等（2024）分析大数据时代背景特征，探讨将大数据分析引入教学的效果，研究表明大数据的引入可提高学生专业素养和综合素质。杨阳等（2023）基于大数据背景，针对传统教学痛点，重新设计教学模式、内容等，以增强学生学习兴趣与实践能力。张洪军（2017）分析了大数据服务教学管理创新、服务学生管理创新的具体内容。关于大数据在教学改革中的应用，国内学者提出了多种改革路径和改革模式，实证研究的内容很少。为满足"双一流"高校建设的评价要求，胡洪彬（2019）提出一种借助专家的专业支持形成常态评估制度、优化高校内部治理结构的协商式评估模式，其将成为构建中国特色现代高等教育评估制度的突破口。为优化现有的教学管理模式，董同强（2019）以精准服务为视角，将 AI、大数据融入高校学习服务中，构建由智慧数据驱动的新一代学习支持服务模型，以提高高校服务质量。李梦琳（2019）以网络直播平台为例，提出从人群治理、声誉机制和助推理论等理论来架构科学、合理的网络直播监管机制。郭铁颖等（2022）基于数据驱动思想与 Apriori 算法构建全新的教学管理模式，为高校教学管理模式提供新思路与新途径。在协商式教学管理方面，王翠莲等（2021）通过对课堂的历时研究与调研师生关系，证明协商式教学能够充分发挥学生的"主体意识"，优化教学效果。

综上，目前对协商式教学管理的阐述以及如何实现协商式教学管理模式的研究较少。现有学者的研究表明，利用大数据分析处理功能既可以跟踪、掌握学生的学习行为、学习过程和学习特点，又可以为教师、学习者以及合作伙伴提供个性化的管理和服务功能。

一、教学管理数字生态链构建

在数据采集阶段，学校采用"121"结构架构大数据中心。第一个"1"指的是 1 套完整的数据源，囊括了学校与学院的相关数据资料和信息，学校数据源包括：学校教务管理系统信息、教师（教学管理员）系统信息、教学质量评价信息。学院数据源包括：人才培养方案、专业资料库、课堂教学活动轨迹、课程资料库、师资信息库、教学资源库。"2"指的是学校和学院 2 个交互平台，学校平台（第一级）包括教务处下辖的教务管理系统等，是学校数据源的核心平台。学校通过主页以及公众号，能够实时直达，涵盖了师生的所有基本信息并能实时查阅。学院平台（第二级）是学院数据源的基本平台，课题组设计了一个教学管理小程序，通过手机应用，在大数据采集和分析功能上，发挥对学校平台的补充和优化作用。同时两个平台可以互为支持，实现对教学相关数据信息的最大化运用。最后一个"1"指的是针对学生的 1 个关键数据链，形成了以学院教务科为中心，学院所辖各专业各年级自然班为主体，各班班长为节点的教学管理数据链。学院通过课题组设计的教学管理小程序进行实时高效的教学管理，通过数据的实时交互传输和反馈，及时监控学院各个班级的教学态势；通过数据的采集形成包含人才培养方案、专业资料库以及教学管理制度等信息的教学管理大数据中心。综上，学校在打造赋能教学管理数字底座的基础上，逐步形成良好的数字生态系统。

学校通过广大师生手机端采集不同类型、不同含义的结构化、半结构化、非结构化的数据，形成大数据中心，再通过云计算平台完成数据的检索、分析和挖掘，如图 1 所示。

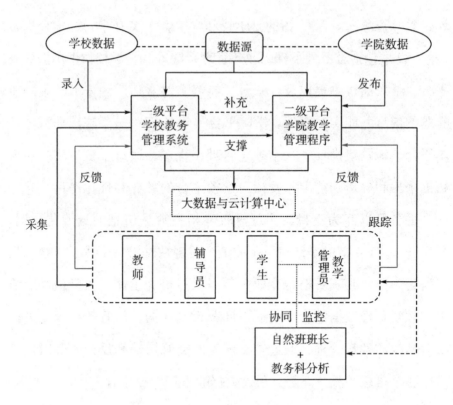

图1 "121"大数据教学管理平台

二、大数据教学管理决策支持系统构建

在数据处理、挖掘与分析阶段，形成可视化分析报告，为教学管理提供决策支持。在形成大数据教学管理平台之后，通过云计算平台完成数据检索、分析、挖掘和清洗，寻找数据之间的关联性和规律性，并在终端上显示详细的数据分析结果，为学院教学管理办法和实施细则提供决策依据，如图2所示。

通过实时采集记录教与学的行为轨迹，利用大数据技术，探析教与学的关联性，服务于教师教学反馈和学生补充吸收，帮助学生、教师找到更合适的方法参与教学管理，使教学管理者更全面地了解老师和学生的状态和信息，实现了教学资源的共享；并通过实时反馈和获取信息，保障三者之间沟通的有效性，以此协商解决教学管理中学生、教师、教学管理者三方存在的问题。

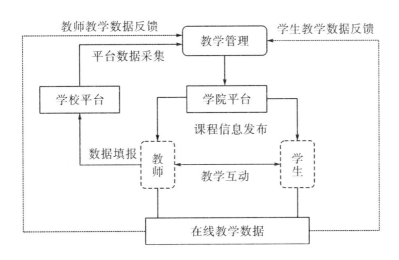

图 2　基于大数据平台的决策支持系统

三、协商式教学管理模式构建

在数据应用阶段，构建协商式教学管理模式。通过大数据中心获取原始数据，对教学数据进行收集、挖掘和分析，利用相关软件数字化处理教育大数据各个阶段信息资源的关联属性，形成可视化分析报告，并呈现在终端。学生、教师、教学管理者可以通过终端了解和反馈教学质量评估、教学管理决策、学籍动态管理、学生知识管理、教学培养计划、个性化信息、学生轨迹分析报告等信息，实现教学资源的共享，保障三者之间沟通的有效性。

为使教学管理改革创新路径的实现更加贴合协商式教学管理模式，使教学管理者从经验化决策转向科学化决策，提升学生和教师的教学管理决策参与感，课题组提出基于数据驱动教学的协商式教学管理模式实现路径图，如图3所示。

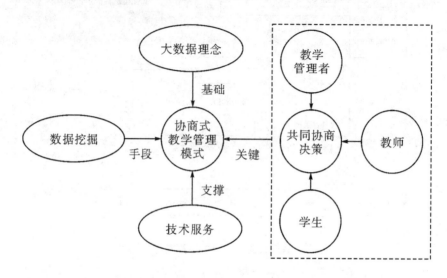

图3 基于数据驱动教学的协商式教学管理模式实现路径

四、"理悦东风"教学管理小程序的开发设计

为了提高利用率，课题组基于大数据技术，为实现即时推送教与学信息采集、终端资源下载、一线教学实时监管和反馈等功能，设计了"理悦东风"教学管理小程序。该小程序的目的是最大限度实时采集师生的教学轨迹数据，力求简单明了和清晰地反映教学全

过程的痕迹，因此课题组只构建了最重要的部分，所构建的部分经过了比较充分的论证，是对师生教学活动及过程管理最关键的要素，该小程序的具体工作流程如图4所示。

该小程序基于教学管理大数据平台数据的实时采集，通过大数据决策支持模型，实现了即时推送教与学信息、终端资源下载、一线教学实时监管和反馈等功能，实现了教学的协同管理。后台管理员主界面如图5所示，管理员可以在后台管理编辑和上传所有信息资源与文件资源。

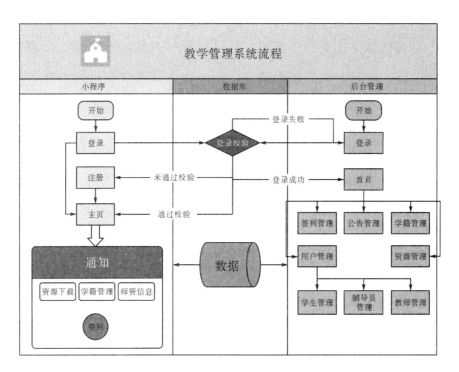

图4 "理悦东风"小程序工作流程

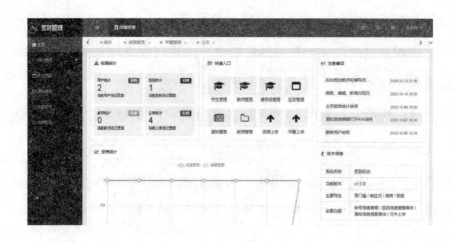

图5 后台管理员主界面

课题组基于该小程序平台，通过对教学大数据的采集、处理与分析，建立依托于大数据的教学管理决策支持系统，可以实现实时采集记录教与学的全轨迹和教学全过程管理，随时掌握教师的在线教学的反馈信息，以及学生上课出勤等关键数据。作为教学质量分析与评估的数据基础，该小程序平台主要实现了以下教学管理功能：

第一，实时采集记录教与学的全轨迹和教学的全过程管理数据，主要包括：①在线教学的信息报送。将各专业的教学细化到每一天每一门课，在不同时段和节次发布与反馈信息。②在线教学的监控管理。运用小程序和关键数据链，将教与学的大数据即时采集回收，每周末汇总统计本周所有的教学数据，通过对数据的分类管理和判断分析，第一时间将结果和较为明显的问题反馈到专业系部、教师、学生班级，服务于教师教学反馈修正和学生的补充吸收。

第二，向师生推送教学资源库，实时决策。将涉及教学的各类信息进行准确推送，确保师生第一时间进行接收。关键数据链实现对特定学生班级的点对点管理，相关的教学数据可以在这个数据链上进行畅通的传输，学校教务处与学院教务科能够准确发布和接收来自特定对象的大数据信息，提高了教学管理效率。

第三，实时动态管理学生学籍。学生通过两级平台和关键数据链，实时了解自身学籍状态，第一时间获取学分修读、学业警示、成绩单等信息；学校与学院平台逐步完善相关数据的预警功能，为学生完成学业提供最大限度的预警保障。

第四，初步实现了人才培养建议与改革的可视化。通过学校、学院平台和关键数据链，相关数据流畅的传输接收和双向协商模式，使各方信息对称，这可以增强学生学习动力，同时在学生转专业过程中提供帮助。

五、结论

数字化时代背景下，传统的教学管理模式已经不适应高等教育高质量发展需求，为探索教学管理新范式，本文沿着"数字生态融合多源数据-多元主体交互协同育人-即时协商助推智能决策"的理论逻辑，应用大数据相关技术对教学管理模式进行改革创新，重点取得了以下三项成果：

（1）筑建了赋能教学管理的数字底座。将大数据技术引入教学管理模式中，形成数字生态系统，为"数字生态融合多源数据-多元主体交互协同育人-即时协商助推智能决策"的理论逻辑思路提供技术与数据基础，通过手机终端的 App 可视化功能，从终端实现以"教"为中心转为以"学"为中心，解决可持续学习问题，助力教学管理数字化。

（2）搭建了多元主体交互协同育人体系。基于大数据平台和终端可视化分析报告，通过"理悦东风"小程序，高效实现面向多主体的"教-学、校-家、管-被管"的协同育人，自主开发的"理悦东风"小程序已获软件著作权，推动教学高质量发展，实现了教学管理多元协同化。

（3）构建了即时协商式教学管理模式。建立了"资源库-方法论-师生库"三位一体的教学管理体系，基于决策支持系统实现终端即时协商，实现非线性教学管理，增强教学管理的"民主性、服务型和职业性"，加速教学管理智能化。

参考文献

［1］张洪军. 基于大数据的高校管理改革研究［J］. 中国成人教育，2017（20）：40-42.

［2］李梦琳. 论网络直播平台的监管机制：以看门人理论的新发展为视角［J］. 行政法学研究，2019（4）：123-132.

［3］叶林，吴兵，蒋丽娟，等. 融合大数据分析的环境工程微生物学教学改革探索［J］. 高等工程教育研究，2024（1）：54-57.

［4］杨阳，郝玉婷，陶丽，等. 大数据时代背景下数据分析类

课程教学改革与实践探索［J］.高等工程教育研究，2023（5）：54-59，116.

［5］胡洪彬.课程思政：从理论基础到制度构建［J］.重庆高教研究，2019，7（1）：112-120.

［6］董同强，马秀峰.数据驱动下的新一代学习支持服务模型：新需求与新突破［J］.图书馆学研究，2019（22）：28-33.

［7］郭铁颖，唐志国，陈香宇，等.大数据视野下教育信息化管理系统构建与对策研究［J］.情报科学，2022，40（10）：137-146.

［8］林涛，卢建飞.大数据：高职院校实现教学管理现代化的新途径［J］.职教论坛，2018（7）：61-65.

［9］王翠莲，康勇，王琪，等.协商式医学英语课堂教学研究［J］.外语电化教学，2021（5）：107-111.

［10］BIAN L，FU X，CHEN X，et al. Exploration of anatomy teaching based on students' autonomous learning and network resources［J］. Chinese Journal of Anatomy，2018（8）：104.

［11］JURVA R，MATINMIKKO-BLUE M，NIEMELÄ V，et al. Architecture and operational model for smart campus digital infrastructure［J］. Wireless Personal Communications，2020（4）：45.

［12］ZHAO H M. Teaching mode in the management of higher vocational colleges in the era of big data［J］. Mobile Information Systems，2022（1）：57-59.

［13］DIAO S. The reform of teaching management mode based on artificial intelligence in the era of big data ［J］. Journal of Physics：Conference Series，2020，1533（4）：42.

新文科建设背景下本科
计量经济学课程改革探讨

杨珂嘉　高　辉　杨　征　冯倩颖　张　希

（成都理工大学商学院）

摘要：新文科建设要求高校人才培养要丰富知识传授的方法，提升理论与实践的融合以及强化价值的引领。计量经济学作为经济类专业本科生的核心课程，对培养学生的专业素养和科研水平具有重要作用。本文从计量经济学课程教学中出现的痛点入手，针对"相关课程知识联系紧密，独立课程教学知识点融会贯通效果欠佳""现有教材更新滞后，学生深入分析经济问题的能力欠缺"和"课程本土化案例较少，课程价值传导还需加强"等问题，提出本科计量经济学课程改革的具体实施途径，以期通过计量经济学课程讲好中国经济故事。

关键词：新文科建设；计量经济学；课程改革

一、引言

2021 年 4 月，习近平总书记在清华大学考察时指出要推进高等教育的"四新建设"，其中新文科建设要提升文化软实力，注重用中国理论阐释中国发展道路，讲好中国故事。2023 年 4 月，教育部等五部门印发的《普通高等教育学科专业设置调整优化改革方案》，提出要加快新文科建设，坚持价值引领、守正创新，深化学科间交叉融合，吸收世界学术探索的有益成果，培育复合型和具有创新能力的应用型人才。

计量经济学是经济类本科专业核心课程，课程融合了数学、统计学和经济学的学科方法，从经济理论出发，构建经济模型，并采用数学和统计学方法进行模型的求解和检验，可以对经济理论进行验证，探讨变量间的因果关系，最终对未来经济活动进行预测。作为用实证方法研究经济问题的"经济实验室"，计量经济学是研究中国经济问题的重要方法（马成文，2022；柴国俊，孙若宸，2022）。因此，在计量经济学的课程中丰富知识传授的方法，提升学生理论联系实际的能力以及通过计量经济学讲好中国经济故事是新文科背景下建设经济类本科计量经济学需要探讨的重要问题。

二、计量经济学课程中存在问题

（一）相关课程知识联系紧密，独立课程教学知识点融会贯通效果欠佳

计量经济学对概率论与数理统计、线性代数和高等数学等前序数理课程基础有较高的要求，因此学生对于课程的理解和掌握本身有较大的困难（叶阿忠 等，2020）。除此之外，文理兼收的经济类本科生在数学相关知识的广度、深度、学习能力方面存在一定的差异，与理科背景的学生相比，文科背景的学生课程的困难就更大，学生普遍认为计量经济学课程"难学"。枯燥的数理推导会导致学生对于计量经济学课程学习的兴趣减少，学生配合度差也会让教师感觉课程"难教"，从而影响课程的教学效果（蔡玉兰，2023）。

同时，计量经济学的方法可以用来对经济学类其他课程如产业经济学、区域经济学、资源与环境经济学所学的理论进行验证和分析（张艺 等，2019；赵冰茹，王辉，2023）。如果教师受到传统教学模式的影响，只以本门课程的理论教学为主，就无法达到学科课程间的合力效用，无法深化学科课程间的交叉融合，学生也无法融会贯通地对理论知识进行深入理解。

（二）现有教材更新滞后，学生深入分析经济问题的能力欠缺

计量经济学学科在近年来发展迅速，而大多数本科生教材的内

容有滞后，最新的处理现实问题的方法并没有出现在教材中。较多针对本科生的计量经济学教材的撰写思路是先从最基础的一元线性回归入手，构建满足基本假定的模型；其次将模型维数扩大，讨论多元问题；再次讨论基本假定不满足时会造成的问题和解决思路；最后阐述时间序列和面板数据模型中的特定方法。

目前本科教学中会将较多课时放在多重共线性、异方差性、序列相关问题的解决和处理上，但在进行实际问题的建模和处理的时候，关于因果关系的识别问题才是经济学研究的重点（李伟，2022），如 Rubin 提出的"潜在结果分析框架"、准自然实验方法、匹配方法、断点回归和合成控制等内容在本科计量经济学的教学中往往没有体现。因此在现有教学方法下，学生即使被要求课后完成课程论文，也只是在进行浅显的数据分析，导致无法实现学生利用计量经济学方法解决现实经济问题分析的课程教学目标。

（三）课程本土化案例较少，课程价值传导还需加强

计量经济学课程本身来自西方，本土化的案例探讨较为薄弱，对于中国经济问题的案例研究还没有大面积展开（杨忠娜 等，2023）。同时课程思政的设计也尚不完善，课程案例数量不足、案例较少结合实际以及案例更新迟缓的问题较为突出。因此经济类的本科开设计量经济学课程亟需融通经济学理论和中国问题的探讨，发挥好计量经济学模型"经济实验室"的作用，通过实证研究验证中国特色经济逻辑，助推中国经济社会决策，引导学生对中国经济发

展中面临的问题有正确的理解和判断，启发学生正确理解课程思政内容。

三、经济类本科计量经济学课程改革的实施路径

（一）"线上线下"课程模式打通前后序课程壁垒，有利于学生系统性学习知识

针对学生存在前序基础知识掌握程度不一的问题，经济类本科计量经济学的教学需要进行一系列的改革和创新。首先，为了解决学生基础知识参差不齐的问题，教师可以采用"线上线下"相结合的教学模式。例如，在课程中引入"雨课堂"等线上教学平台，为学生提供补充相关数学、统计学等数理学科的基础知识的视频，以便基础薄弱的同学能够通过自主学习弥补不足。

其次，对于计量经济学中较为复杂但实际操作中不常用的知识点，如多重共线性、异方差性、序列相关等问题，教师可以重构教学模式。将大部分理论讲解和相关练习移至线上教学，让学生通过观看视频、完成在线练习等方式自主学习。线下教学则侧重于解决案例分析，深入探讨以上问题对普通最小二乘估计量的影响，并教授相应的解决方法。此外，为了帮助学生更好地理解理论知识，促进不同课程知识点之间的融会贯通，教师可在"雨课堂"等线上平台为学生提供产业经济学、区域经济学和资源环境经济学等经济学领域的文献阅读材料，让学生在学习计量经济学的同时，了解其在

各个领域的应用和实践，形成课程合力，实现学生对于不同课程知识点的融会贯通。

通过以上措施，我们可以建立一个更加完善、灵活和富有深度的计量经济学教学模式。这种教学模式不仅能够满足不同学生的个性化需求，提高教学质量和效果，还能培养学生的自主学习能力和综合素质，为他们在未来的学习中奠定坚实的基础。

（二）重构教材知识体系，增加论文考核，提升学生深入分析经济问题的能力

针对当前教材内容更新滞后的问题，经济类本科生的计量经济学课程需要进行一次全面的重构。为了使学生能够更好地应对现实经济问题，我们需要引入因果识别相关内容，进一步完善知识体系；在教材中增加前沿知识点，详细介绍"潜在结果分析框架"、准自然实验方法、随机实验、匹配方法、断点回归和合成控制等方法。这些方法在经济学领域中具有广泛的应用，通过学习它们，学生将能够掌握现实经济问题的分析方法，并能够运用这些方法解决现实的经济问题。同时，我们还可以利用"雨课堂"平台，为学生提供大量的前沿文献阅读，特别是关于 DID 方法、工具变量方法、准自然实验的构造等方面的文献。通过阅读这些文献，学生不仅能够更深入地了解计量经济学的前沿研究动态，还能将这些方法应用于自己的研究中。

此外，课程还将增加课程论文考核，以从应用层面考察学生对

课程知识点的掌握程度。通过撰写课程论文,学生将能够更加深入地了解计量经济学在现实经济问题中的应用,并能够提高自己的实际分析能力。具体的论文考核要求见表1。

表1 论文考核评分及要求

支撑课程目标	考核依据	评分标准				成绩比例/%
		86~100分	70~85分	60~69分	0~59分	
		优	良	及格	不及格	
目标1:了解计量经济学的特征与地位、分析方法和其在经济学科的发展及实际经济工作中的作用	撰写课程论文时对计量经济学在实际应用中的理解程度	有深刻理解	有一定理解	理解不够熟悉	没有理解	15
目标2:掌握计量经济学分析经济问题的基本思想和计量经济学建模的基本原理	撰写课程时对建模基本原理和论文写作规范的理解程度	有深刻理解	有一定理解	理解不够熟悉	没有理解	20
目标3:熟知计量经济分析的基本内容和工作程序	撰写课程论文时对模型建模时能够运用所学基础知识	能够准确运用所学基础知识进行计量经济学分析	能够较为准确运用所学知识进行计量经济学分析	进行计量经济学分析不够准确	无法正确运用所学知识进行计量经济学分析	30
目标4:具备运用计量经济分析软件和计量经济分析方法对实际经济问题进行定量分析的初步能力	撰写课程论文时对模型建模所遇到问题进行解决的能力	能够运用所学知识进行计量经济学分析,并有一定的创新性	能够运用所学知识进行计量经济学分析	进行计量经济学分析不够准确	进行计量经济学分析时有误	35

(三)建立课程知识案例库,增加思政案例,树立学生正确价值观

针对课程缺乏本土案例的问题,经济类本科生计量经济学课程

需要建立丰富的案例库，从时事政治和新闻热点中发掘思政元素，树立学生正确的人生观、世界观和价值观，引导学生认识世界和中国的发展趋势，正确认识中国特色发展，正确认识时代的责任和历史使命。

针对当前经济类本科生计量经济学课程中本土案例不足的问题，建立丰富多样的案例显得尤为重要。这些案例不仅应涵盖经济领域的各个方面，还应注重对时事政治和新闻热点的发掘，以更好地融入思政元素，帮助学生树立正确的人生观、世界观和价值观。首先，教师通过引入具有中国特色的实际案例，让学生更好地理解和应用计量经济学的理论知识。这些案例反映了中国经济的发展特点和现实问题，让学生在学习过程中能够结合实际，深入理解经济现象和政策效应。比如，在绪论部分介绍计量经济学在中国的发展，从计量经济学在中国的研究成果、应用领域以及发展前景等方面的论述，让学生直观了解中国计量经济学界的实力和水平，激发他们的学习兴趣和热情，提升学生的成就感（洪永淼，2021）。其次，从时事政治和新闻热点中发掘思政元素，有助于培养学生的社会责任感和历史使命感。教师通过分析当前国家重大政策、社会热点问题以及国际经济形势，引导学生认识世界和中国的发展趋势，正确认识中国特色发展道路，明确自身在时代发展中的责任和历史使命。这种融入思政元素的教学方式，不仅能够提高学生的专业素养，还能够培养学生的道德品质和社会责任感。例如，在异方差问题中探讨医院数量与人口数量之间关系的案例时，引入备受关注的医疗体制改革问题。教师通过对相关政策的分析，让学生了解政府在医疗资源布局方面的决策依据和目标，引导学生关注社会热点问题，培养他们的社会责任感和参与意识。此外，我们还可以结合中国的发展历程，分析经济发展中的重要事件和数据，让学生了解计量经济学在政策制定和评估中的作用，并引导学生思考中国经济发展的特点和未来趋势，培养他们的国际视野和历史使命感。

四、结语

通过以上关于知识层面、能力层面和价值层面的一系列的改进措施，经济类本科生的计量经济学课程将得到全面的提升和优化。这些改进措施更加注重培养学生的实际应用能力和创新思维，同时融入思政元素，帮助学生树立正确的人生观、世界观和价值观。这些改进不仅有助于提高教学质量，更能够培养出更多具备综合素质的经济类人才，将经济学中国故事融入课程，为我国经济的发展做出更大的贡献。

参考文献

［1］李伟. 基于因果推断视角的计量经济学教学改革的思考［J］. 湖北开放职业学院学报，2022（35）：18，144-146.

［2］赵冰茹，王辉. 经济类本科"计量经济学"协作教学模式

设计与应用 [J]. 航海教育研究, 2023 (40): 3, 52-59.

[3] 张艺, 唐更华, 黄荣斌. 计量经济学与统计学相结合的教学设计 [J]. 湖北经济学院学报 (人文社会科学版), 2019 (16): 6, 142-144.

[4] 蔡玉兰. 基于 OBE 理念的计量经济学教学改革实践 [J]. 对外经贸, 2023, 8: 115-118.

[5] 叶阿忠, 邱丽萍, 吴相波. 关于研究生计量经济学课程的改革与思考 [J]. 海峡科学, 2020 (2): 83-84, 89.

[6] 马成文. 计量经济学线上线下混合式教学改革探索 [J]. 对外经贸, 2022 (4): 149-152.

[7] 洪永淼. 理解现代计量经济学 [J]. 计量经济学报, 2021, 1 (2): 266-284.

[8] 柴国俊, 孙若宸. 微观计量经济学应用中的若干问题探析 [J]. 河北经贸大学学报, 2022 (43): 6, 33-42.

[9] 杨忠娜, 张青, 石晶. 研究生"计量经济学"课程思政教学改革探讨 [J]. 大学, 2023, 24: 169-172.

中国式现代化理念融入
经济学原理课程的教学改革思考[①]

张 婷

（成都信息工程大学统计学院）

摘要： 党的二十大提出"以中国式现代化推进中华民族伟大复兴"。经济学原理是高校经管类专业核心必修课，在其课程中融入中国式现代化理念，对引导大学生树立正确的价值观和发展观显得尤为重要。本文在分析了中国式现代化理念内涵的基础上，对中国式现代化理念融入经济学原理课程内容进行了详细设计，并提出了讲好中国故事，拓展教学内容；改革教学方式，利用线上教学工具；启发研究式学习，夯实经济学基础理论三个方面的对策建议。

关键词： 中国式现代化；经济学原理；教学改革

党的二十大报告提出"以中国式现代化推进中华民族伟大复兴"，其中中国式现代化是"人口规模巨大的现代化，全体人民共同富裕的现代化，物质文明和精神文明相协调的现代化，人与自然和

① 基金项目：成都信息工程大学 2023 年本科教育教学研究与改革项目暨本科教学工程项目——融合中国式现代化思想的"经济学原理"课程思政建设项目。

谐共生的现代化，走向和平发展道路的现代化。"经济学原理是我校经管类专业核心必修课，是经管类专业学生进入大学校园学习的第一门专业基础课，课程包括微观经济学和宏观经济学两个部分，课程内容中消费者行为理论、生产者理论、市场理论、经济周期、经济增长、财政政策、货币政策等与我们的现实经济社会密切相关，也是大学生关心和感兴趣的知识点。如何将中国式现代化思想融入课程教学中，使学生更好理解和掌握中国式现代化，了解中央提出的双循环发展格局、建设统一大市场、扩大内需等重要发展理念，具有重要的意义。

一、中国式现代化的丰富内涵

中国式现代化，是中国共产党领导的社会主义现代化，是中国共产党带领中国人民实现从小康社会到建设富强民主文明和谐美丽的社会主义现代化强国的伟大飞跃，是坚持中国共产党领导，坚持中国特色社会主义，通往实现中华民族伟大复兴的现代化道路。中国式现代化既具有各国现代化的共同特征，更具有基于中国国情的中国特色。

（一）中国式现代化具有各国现代化的共同特征，呈现"一般性"

现代化一般是指由于工业革命带来的工业化，并伴随城市化、信息化、农业现代化等人类社会文明进步和发展的过程。其中，现代化最早出现于 18 世纪后期欧洲的工业革命引起工业化过程，使当地实现了从传统农业社会向工业社会的转型。现代化是一种文明的形式，现代化是实现工业化、城市化、信息化、智能化（数字化）的发展目标和发展过程的内在统一。中国式现代化具有各国现代化共同特征，呈现"一般性"。

（二）中国式现代化要基于我国国情的中国特色，呈现"特殊性"

第一，人口规模巨大的现代化。这是中国式现代化的显著特征。中国 14 亿多人口整体迈入现代化，规模超过现有发达国家人口的总和，将极大地改变现代化的世界版图。这是人类历史上规模最大的现代化，也是难度最大的现代化。

第二，全体人民共同富裕的现代化。这是中国式现代化的本质特征，也是区别于西方现代化的显著标志。中国式现代化的任务是解放生产力、发展生产力，消灭剥削、消除两极分化，最终达到共同富裕。并且中国式现代化是全体人民共同参与、共同发展、共同富裕、共同分享的全民现代化。

第三，物质文明和精神文明相协调的现代化。既要物质富足也要精神富有，是中国式现代化的崇高追求。要坚持两手抓、两手都要硬，促进物质文明和精神文明相互协调、相互促进。要建设具有强大凝聚力和引领力的社会主义意识形态，不断丰富人民精神世界，提高全社会文明程度，促进人的全面发展。

第四，人与自然和谐共生的现代化。尊重自然、顺应自然、保护自然，促进人与自然和谐共生，是中国式现代化的鲜明特点。要牢固树立和践行绿水青山就是金山银山的理念，以高品质的生态环境支撑高质量发展。

第五，走和平发展道路的现代化。坚持和平发展，在坚定维护世界和平与发展中谋求自身发展，又以自身发展更好维护世界和平与发展，推动构建人类命运共同体，是中国式现代化的突出特征。我们要始终高举和平、发展、合作、共赢旗帜，奉行互利共赢的开放战略，践行真正的多边主义，弘扬全人类共同价值，努力为人类和平与发展做出更大贡献。

二、中国式现代化融入经济学原理的课程内容设计

中国式现代化的理念融入经济学原理的课程教学，首先要基于中国的实际国情，结合课程内容，从中国现实经济问题出发，引导学生观察经济现象，提炼经济问题，并能够运用经济学原理理论探索解决问题的逻辑思路和方法。在具体教学中，根据经济学原理课程内容，将中国式现代化理念融入课程章节，具体设计见表1。课程第一章导论部分，讲授经济学研究内容时，补充和增加我国特殊的政治国情是实现社会主义现代化，让学生掌握为了实现社会主义现代化，我国主要任务是解放生产力、发展生产力，消灭剥削、消除

两极分化，最终达到共同富裕。有利于学生更加明确认识到我国经济发展的目标。同时，引入我国在脱贫攻坚中感人的真实事例，以及农民收入水平增长的现实数据，让学生认识到我国社会主义制度优越性。课程第二章，讲授需求的概念时，补充我国实施扩大内需战略，以及扩大内需的原因和意义。同时，结合我国实施供给侧结构性改革的背景，扩大内需的政策背景，让学生掌握扩大内需战略与"双循环"发展理念一脉相承。课程第三章效用理论，补充中国式现代化是以人民为中心的发展思想，把增进人民福祉、促进人的全面发展作为一切工作的出发点和落脚点。并引导学生树立正确的消费观，避免盲目的攀比等消费心理，引导学生培养乐观豁达的生活态度。课程第四章生产理论，补充我国现阶段建设现代产业体系"创新引领"的必要性。根据中央提出 2035 年进入"创新型国家前列"的目标，培养学生的创新意识和创新能力。课程第六、七章市场理论，补充中央提出建设全国统一大市场，包括产品市场和要素市场，并且现在的难点主要集中在要素市场。引导学生了解何为统一大市场，建设统一大市场的必要性，并引导学生了解随着中国经济发展进入新阶段，劳动力和自然资源要素的低成本优势在逐渐丧失，市场规模优势在逐步扩大，构建统一大市场，能够有效发挥我国超大规模的市场优势。同时引导学生树立正确的竞争观。

课程第九章宏观经济核算，强调我国的经济发展不仅仅关注经济增长，更要关注人与自然和谐共生，生态文明的理念贯穿于经济发展中。引入我国改革开放以来经济发展取得的成就，增强学生的爱国情怀。课程第十二章宏观经济政策,强调中国式现代化的宏观经济政策要不断缩小城乡差距、地区差距、城乡居民收入差距,实现共同富裕。并引入我国实施精准扶贫、消除绝对贫困的伟大成就,增强学生对我国社会主义制度优越性的认同。

表1 中国式现代化融入经济学原理课程设计

章节	课程教学内容	中国式现代化融入课程知识点	引入现实案例
第一章 导论	经济学的研究内容	中国最特殊的政治国情是社会主义现代化,任务是解放生产力、发展生产力,消灭剥削、消除两极分化,最终达到共同富裕	引入我国乡村振兴战略,以及在脱贫攻坚中"黄文秀"感人事迹,增强学生文化自信和爱国情怀
第二章 需求、供给与弹性	影响需求的因素	"需求牵引供给、供给创造需求的高水平动态平衡"。我国实施扩大内需战略,以推动我国经济高质量发展	引入我国实施的供给侧结构性改革,和扩大内需战略的意义,增强学生对中央政策的理解
第三章 效用理论	消费者均衡	"以人民为中心的发展思想,把增进人民福祉、促进人的全面发展作为一切工作的出发点和落脚点	引导学生避免盲目攀比的从众心理,培养乐观豁达的生活态度,形成正确理性的消费观
第四章 生产理论	创新理论	我国建设"创新引领、协同发展"的现代产业体系,提升科技创新在我国实体经济中的贡献份额	引入我国到2035年"实现高水平科技自立自强,进入创新型国家前列"的目标,并培养学生创新意识和创新思维
第六、七章 市场理论	完全竞争市场和不完全竞争市场	我国建设"统一开放、竞争有序"的现代市场体系,建设全国统一大市场	引导学生了解我国建立全国统一大市场的时代背景和必要性,培养学生积极正确的竞争意识

章节	课程教学内容	中国式现代化融入课程知识点	引入现实案例
第九章 宏观经济核算	国内生产总值的核算	中国式现代化是人与自然和谐共生的现代化，本质要求在生态建设中呈现"促进人与自然和谐共生"的生态文明	引入改革开放以来我国经济发展取得的成就，尤其是 GDP 的增长情况，增强学生的制度自信
第十二章 宏观经济政策	财政政策，货币政策	不断缩小城乡间发展差距、地区间发展差距和居民收入差距，让发展成果更多更公平的惠及全体人民，推进共同富裕	引入我国精准扶贫，消除绝对贫困的伟大成就，增强学生对社会主义制度优越性的认同，激发学生爱国情怀

三、中国式现代化融入经济学原理课程建设的对策建议

（一）讲好中国故事，拓展教学内容

第一，课程内容注重经济学理论与中国经济发展实际相结合。我国经济正由高速增长阶段转向高质量发展阶段，要实现高质量发展，必须贯彻新发展理念，即创新、协同、绿色、开放、共享。教学中应补充高质量发展相关内容，启发学生关注新发展理念的内涵。

第二，整理中国案例，拓展学生阅读。教师搜集整理中国改革开放40余年经济发展案例，分别从企业、城市、农村、城镇居民、农村居民等视角进行案例整理，凸显中国经济发展的成果，便于学生拓展阅读。

第三，优化考核方式，增加中国经济现实问题考查。教学中贯

穿中国式现代化理念，考核方式避免单一闭卷考试，增加多元化考核方式，比如，开展学生关于中国式现代化的主题演讲、发言、小组讨论等形式的评价方式。在闭卷考试中题目可适当增加中国经济发展现实问题等开放性试题。

（二）改革教学方式，利用线上教学工具

第一，根据教学内容，采用多种教学方式。如启发式教学、"主讲+讨论"、"主讲+主题发言"等灵活多变的教学方式。教师提前设计每一次教学方式，帮助学生理解和掌握经济学理论以及中国式现代化的相关内容。

第二，充分运用线上教学工具，开展线上线下混合式教学。教师课前布置线上预习学习任务，方便学生充分利用丰富的线上资源，如慕课网教学视频、专家学者相关视频、中国故事案例、教师教学PPT等资源，开展线上预习、线下主讲、线下复习等形式的混合式教学。

（三）启发研究式学习，夯实经济学理论基础

第一，训练学生的自学能力，锻炼学生遇到问题向文献资料找答案的自学能力。教导学生养成查阅文献、阅读经济学经典论著、勤思考、多阅读的良好习惯。帮助学生充分利用学校图书馆丰富的电子数据库资源，夯实学生经济学理论基础。

第二，启发学生撰写解决中国经济发展现实问题的学术论文，

训练学生从研究者的视角开展调研，分析现实问题，如农村发展取得的成果、高科技企业发展面临的困惑等，并撰写学术论文。使学生经济学理论素养快速提升，深刻掌握中国式现代化与经济学理论有效结合，从而为将来国家经济发展奠定人才储备。

参考文献

[1] 韩保江，李志斌. 中国式现代化：特征、挑战与路径 [J]. 管理世界，2022，38（11）：29-43.

[2] 洪银兴. 论中国式现代化的经济学维度 [J]. 管理世界，2022，38（4）：1-15.

[3] 柳杨. 课程思政元素融入西方经济学教学的实践与反思 [J]. 遵义师范学院学报，2022，24（2）：117-121.

基于能力培养视角的
高级财务管理教学改革研究

赵 旋

（宜宾学院经济与工商管理学部）

摘要： 高级财务管理课程是针对财务管理专业高年级本科生开设的课程。在实践中，该课程存在教学内容落后于实践、教学方式过于传统、教学评价方式单一、学生课堂参与度不高等问题。为了提高教学水平，本文针对以上问题提出相应的教学改革措施。

关键词： 高级财务管理；教学改革

高级财务管理是财务管理专业学生的一门重要的专业核心课程，是对初级财务管理和中级财务管理的拓展和延伸，是培养学生战略思维能力、洞察力和复合型财务管理能力的一门课程，极具思想性和综合性特征，是培养高级财务管理人才必须开设的一门课程。高级财务管理涵盖了企业并购财务管理、企业集团财务管理、中小企业财务管理、国际企业财务管理、非营利组织财务管理、企业破产清算财务管理等专门的财务问题。

一、高级财务管理课程教学存在的问题

（一）教学内容落后于实践

高级财务管理是一门应用性强的学科，其教学内容应该与时俱进，与实践相结合。但目前高级财务管理教学中仍然存在一些问题，比如教材内容滞后于实践，缺乏案例分析和实践操作等这些问题导致了财务管理专业人才的应用能力和创新能力不足。

（二）教学方式过于传统

在高级财务管理课程讲授中，教师一般都采用传统的教学方式，即以教师为中心，忽视了学生的主动性和创造性，导致学生缺乏探究和思辨的能力，难以适应现代社会的需求。在传统教学过程中，教师以知识传授为主，忽视了知识的应用和创新，导致学生只重视考试成绩，而不重视素质的培养，难以形成终身学习的习惯。

除此之外，传统教学方式使用单一的教学手段和媒介，导致教学内容陈旧、枯燥，难以吸引学生的注意力，也难以与现代社会的发展和科技的进步相结合。这些传统教学方式还易受到固定的时间和空间的限制，导致难以调整教学安排、教学效率低下，难以满足不同学生的个性化和差异化的学习需求。

（三）教学评价方式单一

高级财务管理教学评价方式应该多元化，不仅要考察学生的理论知识掌握情况，还要考察学生的实践能力和创新能力。但目前我国高级财务管理教学评价方式仍然以期末考试为主，忽视了对学生日常学习过程和实践活动的评价。这种教学评价方式使得部分学生在学习时抱有投机取巧的心理，缺乏自主学习和探究精神。

二、高级财务管理课程教学改革建议

高级财务管理课程的教学改革应该从整合优化课程内容、改进教学方法、完善教学评价体系三个方面入手，以推动学生就业为导向、以职业岗位的需要为依据、以培养应用型财会人才为目标。

（一）整合优化课程内容

高级财务管理是财务管理专业的一门核心课程，它主要涉及公司财务政策的制定、实施和评价，包括投资政策、融资政策、股利政策和营运资本政策等内容。为了提高高级财务管理教学的效果，我们需要整合优化教学内容，使之符合学生的需求和水平，同时反映财务管理的理论进展和实践创新。具体来说，我们可以从以下几个方面来进行整合优化：

首先，要根据学生掌握的基础知识和学习目标，确定教学内容的重点和难点，以及教学内容之间的逻辑关系和层次结构。要避免过于简单或过于复杂的内容，而要选择适合学生水平的内容，既能够巩固基础，又能够拓展深度。还要注意教学内容的系统性和完整性，使之能够形成一个有机的整体，而不是零散的碎片，按照从易到难、从浅入深、从理论到实践的顺序安排教学内容，使之能够循序渐进、层层递进，从而提高学生对知识点的接受程度。

其次，高级财务管理中包括了跨国并购的内容，因此在教学中要结合国内外的财务管理理论和实践，引入最新的研究成果和案例，展示财务管理的前沿动态和创新趋势。教师要关注财务管理领域的最新发展和变化，及时更新教材和参考资料，引入新的概念、模型、方法等；在案例讲解中要选择具有代表性和典型性的国内外财务管理案例，分析其背景、过程、结果、启示等，让学生了解财务管理在不同国家、地区、行业、企业中的差异和特点，拓展其国际视野。

最后，任课教师要认识到财务管理是一门综合性很强的学科，它不仅涉及经济、金融、会计等领域，还涉及法律、社会、心理等领域。教师要适当引入跨学科的知识，如公司治理、行为财务、价值链管理等，拓宽学生的视野和思维，提高学生的综合素质。教师通过跨学科教学让学生了解财务管理与其他学科的联系，掌握财务管理的跨学科知识和方法，提高其解决复杂问题的能力。

总之，整合优化高级财务管理教学内容，是提高教学质量和效果的重要途径。我们要根据学生的需求和水平，结合财务管理的理论进展和实践创新，采用多种教学方法和手段，引入跨学科的知识，使教学内容既科学又有趣，既系统又灵活，既基础又前沿，既理论又实务，从而达到培养高素质财务管理人才的目标。

（二）改进教学方法

1. 采用"互动课程"授课法，提高学生参与度

教师可以利用一些在线平台或应用程序，让学生通过多种方式参与课堂活动，如测验、游戏、词云、投票等。互动的教学方法，可以提高学生的兴趣和参与度，也可以让教师及时了解学生的理解和反馈。这种方法也可以促进师生之间和生生之间的互动和交流，增强课堂氛围和效果，提高学生对教学内容的兴趣。但使用该授课方式时，教师需要根据教学目标和内容，设计合适的互动环节和形式，引导学生思考和探索。同时，任课教师还需要对学生的互动表现进行及时的评价和反馈，激发学生的成就感，以达到提高学生学习参与度的目的。

2. 采用"混合式"授课法，提高学习主动性

混合式教学是一种综合利用现代教育技术和多种教学方法的教学模式，将在线学习和线下现场学习相结合，让学生在不同的时间和空间进行自主学习、合作学习和探究学习。这种教学模式主要以建构主义和掌握学习理论为指导，强调以学生为中心，激发学生的学习动机和兴趣，培养学生的自主学习能力和创新能力。这种教学模式也有利于教师根据学生的实际情况和需求，调整课程设计和教学策略，提高教学效果和质量。

第一是先行探索、协作研讨、拓展巩固的模式，即学生先通过在线平台自主学习课程的理论内容，然后在线下课堂上进行小组合作和教师指导，最后再通过在线平台进行复习和拓展。比如在讲授跨国并购时，教师就可以先让学生在在线平台上了解并购的动因、效应等基础内容，再在课堂上对案例进行分析，并以小组形式分享观点，最后在平台上通过小测验进一步巩固该知识点。

第二是翻转课堂的模式，即学生在课前通过在线平台观看视频或阅读文本等获取知识，然后在课堂上进行讨论、练习以加深对知识点的理解。

第三是基于目标的模式，即根据学习目标和任务，灵活选择不同的线上和线下学习方式，以达到最佳的学习效果。比如在探索中小企业财务问题时，教师便可以通过先在线上学习中小企业的特点以及归纳这类企业面临的问题，再通过实践学习，调查中小企业在实际过程中常遇到的财务问题和可能的解决方法。

（三）完善教学评价体系

1. 改变课堂教学的评价形式

在对课程教学进行评价时，教师要从单一的终结性评价转向多元的过程性评价，注重对学生的诊断性、形成性和总结性评价，关注学生的全面发展和个体差异。诊断性评价是指在教学活动开始前，对评价对象的学习准备程度做出鉴定，以便采取相应措施使教学计划顺利、有效实施而进行的测定性评价。形成性评价是指在教学过程中，为调节和完善教学活动，保证教学目标得以实现而进行的确定学生学习成果的评价。总结性评价是以预先设定的教学目标为基准，对评价对象达成目标的程度即教学效果做出评价。

2. 完善课程教学的评价内容

为了实现教学目标，教师需要完善课程教学的评价内容，从单纯的知识掌握转向综合的能力培养，注重对学生的思维能力、创新能力、实践能力、情感态度和价值观等方面的评价，体现素质教育的要求。在评价内容上，教师要根据教学目标、教学内容、学生学习环境和学生个体差异等，设计适合自己的教学和学生学习的评价工具，制定切实可行的评价标准。除了评价学生的理论知识成绩，教师还需要对学生课堂展示能力、团队合作能力、问卷设计等能力进行评估。

3. 改变课程教学的评价方式

教师需要从传统的笔试转向多样的评价手段，如观察记录法、自我评价法、同伴评价法、作品展示法等，充分利用信息技术和网络资源，提高评价的效率和有效性。观察记录法是通过观察课堂教学过程中学生的表现和反应能力，并将其记录下来进行分析和判断的方法。自我评价法是指让学生对自己进行反思和总结，并给出自己对自己表现或水平的判断或建议的方法。同伴评价法是指让学生之间互相观察、交流和评论，并给出互相帮助或改进意见的方法。作品展示法是指让学生将自己所做的案例分析展示给他人，并接受他人的反馈和建议的方法。

4. 完善课程教学的评价主体

与评价方式相对应，高级财务管理课程教学方式的改革还需要重新定义评价主体。我们需要从单一的教师评价转向多元的参与评价，充分发挥学生、同行、教师等不同主体的作用；通过建立开放、互动、合作的评价机制，强调学生的自评，发挥学生的主体作用；要充分利用他人的评价，如任课教师、同学、教研室同行老师等的评价，形成多元的评价视角，提高评价的客观性和公正性。

三、结语

深化教学改革，是提高教育质量和效益的必然要求。只有深化教学改革，才能适应经济社会发展和人才培养的新需求，才能提升本科教育的国际竞争力和影响力。本文通过对高级财务管理学在教学过程中存在的问题进行分析，进一步提出要从整合优化课程内容、改进教学方法以及完善教学评价体系三个方面进行改革，激发学生的主动性、积极性以及创造性。

参考文献

［1］丁美琴，刘慧. 管理学课程思政教学探索与实践［J］. 产业与科技论坛，2022，21（16）：2.

［2］常盛华，马斐斐，李宏杰. 财务管理学教学改革思考［J］.

中国乡镇企业会计, 2021 (9)：2.

[3] 苏敏. 信息化视角下高校财务管理课程教学改革分析 [J].
科技经济导刊, 2020 (18)：10-15.

[4] 王可昕. 新形势下应用型本科高校高级财务管理课程教学
改革研究 [J]. 中国教师, 2021 (4)：100-101.

[5] 刘琦琦. 高级财务管理课程教学改革与创新 [J]. 投资与合
作, 2021 (5)：192-193.

[6] 周晓谦. 高等教育大众化背景下"高级财务管理"课程教
学改革探究 [J]. 科技导刊, 2021 (3)：2.